Ulrich Völkel

Eine Gardinenpredigt für das Arschgesicht

Deutsche Redewendungen einst und heute

Impressum

Ulrich Völkel

Eine Gardinenpredigt für das Arschgesicht
Deutsche Redewendungen
einst und heute

1. Auflage 2024

Regionalia Verlag,
ein Imprint der Kraterleuchten GmbH,
Gartenstraße 3, 54550 Daun

Korrektorat: Tim Becker
Gestaltung, Satz: Kerstin Fiebig
Umschlag: Kerstin Fiebig
Illustration ›Vorhang‹: envato elements _ © vesvocrea
Autorenfoto: © Matthias Eckert

Hergestellt in der Europäischen Union, Finidr, CZ

FSC www.fsc.org
MIX
Papier aus verantwortungsvollen Quellen
FSC® C014138

ISBN 978-3-95540-411-6 (Print)
ISBN 978-3-95540-427-7 (E-Book)

www.regionalia-verlag.de

Ulrich Völkel

Eine Gardinenpredigt für das Arschgesicht

Deutsche Redewendungen einst und heute

REGIONALIA
VERLAG

Inhalt

VORWORT

Angeln im Wörtersee

Oft werden die Begriffe ›Sprichwort‹ und ›Redewendung‹ fälschlicherweise synonym gebraucht. Der Unterschied liegt in der Flexibilität ihrer Verwendung: Ein Sprichwort ist nicht flexibel und lässt sich als Spruch nur in einer bestimmten Reihenfolge als feststehender Satz verwenden. Eine Redewendung hingegen kann auch lediglich eine Phrase oder ein bestimmter Begriff sein, der sich flexibel in die verschiedensten Sätze einbauen lässt. Sowohl Sprichwörter als auch Redewendungen gehören zu unserem Kulturgut und werden oft und gerne verwendet.

Ich bin kein Wissenschaftler und ich möchte mit diesem Buch auch nicht den Eindruck erwecken, einer zu sein. Was nicht heißt, dass ich nicht gründlich genug recherchiert habe. Meine Intention war herauszufinden, wie Redewendungen, die wir im täglichen Sprachgebrauch benutzen, entstanden sind und wie vielfältig die Quellen sein können, aus denen sich die Flüsse speisen, die dann im großen Wörtersee einmünden. Ich bin ein Geschichtenerzähler und ich habe meinen Spaß beim Suchen gehabt, was, hoffe ich jedenfalls, auch für andere amüsant oder von Interesse sein könnte. Meine Enkelkinder lachen schon, wenn ich sie frage, ob sie wüssten, was … Und sie sagen dann: Opa weiß mal wieder was. Na, besser, als wenn sie sagen würden, der alte Mann hat doch keine Ahnung.

Tante Paula, meine freundliche Nachbarin aus Z., war eine neugierige Frau. Sie hatte auch keine Scheu, selbst intimste Fragen zu stellen. Um das als Anteilnahme zu kaschieren, erklärte sie: »Ich bin nicht neugierig. Ich will's nur wissen.«

Ich bin auch neugierig. Und wissen will ich es sowieso. Sprache ist ein lebendiges Wesen. Man benutzt sie, um sich einander verständlich zu machen. Dabei kommt es nicht nur darauf an, wie man es sagt (der Ton macht die Musik), sondern natürlich auch, was man sagt. Und manchmal sagt man etwas, ohne eigentlich zu wissen, woher das Wort kommt, das man verwendet, was es vielleicht ursprünglich bedeutet und wie es sich im Laufe der Jahre und Jahrhunderte verändert hat. Zum Beispiel Treppenwitz. Oder Kaiserschnitt. Und wieso verrichtet man ein Geschäft, wenn man auf die Toilette geht?

Ich will wissen, wenn ich ein Wort oder eine Wendung gebrauche, warum man das so sagt und ob das vielleicht einmal eine ganz andere Bedeutung hatte. Dann schlage ich nach im Herkunftswörterbuch des Dudens oder im Grimmschen Wörterbuch und gelegentlich google ich auch (was aber immer mit Vorsicht zu gebrauchen ist). Herr Google irrt sich manchmal. Außerdem bildet Googlen nicht, man bildet es sich nur ein, weil man es ohne eigenen Aufwand zur Kenntnis nimmt und weiß, wenn man es vergisst, kann man es wieder nachschlagen. »Was du ererbt von deinen Vätern, erwirb es, um es zu besitzen«, der kluge Goethe.

Wissen ist Macht, wusste schon der englische Philosoph Francis Bacon. Spötter parodierten: Nichts wissen macht auch nichts. Wenn man in einer Runde mit Wissen brillieren kann, also zum Beispiel in Sachen Kaiserschnitt, gilt man vielleicht als Klugscheißer, aber die Genugtuung, etwas zu wissen, was die anderen nicht wussten, ist auch etwas Schönes. Stimmt's, Tante Paula?

Dieses Buch ist eine unvollständige Sammlung von Wörtern und Begriffen, die mir im Laufe der Jahre begegnet sind und die mich zum Nachdenken brachten. Wer einen Begriff nicht aufgeführt findet, der ihm aufgefallen ist, sollte selbst auf die Suche gehen, damit er gewitzt erscheinen kann. Kein Witz.

Manchmal sitze ich am Ufer des Wörtersees und werfe meine Angel nach dem richtigen Wort aus. Manchmal beißt das richtige an. Manchmal hat sich der Haken nur im Kraut verfangen. Und manchmal ist ein Wort am Haken, das ich nicht kenne. Ich nehme es jedenfalls erst einmal mit, um zu Hause nachzuschlagen. Beim nächsten Tag am Wörtersee weiß ich dann Bescheid. Petri Heil und Petri Dank! (Petri Dank sagt man allerdings wie Weidmanns Dank nur bei erfolgreichem Fang und geglückter Jagd.)

Ulrich Völkel

Abdecker und Schinderhannes

Damit fing es an. Meine Enkeltochter wollte wissen, was ein Abdecker ist. Sie hatte das Wort irgendwo gelesen oder aufgeschnappt. Meine Gegenfrage: »Was stellst du dir darunter vor?« Sie: »Ist das vielleicht einer, der den Tisch abdeckt, um das Geschirr in die Spülmaschine zu stellen, oder der die Dächer abdeckt, ein Dachabdecker?« Pfiffige Antwort, leider falsch.

Abdecker, im Grimmschen Wörterbuch auch als Excoriator, Schinder oder Kafiller aufgeführt, ist im heutigen Sprachgebrauch kaum noch zu finden. Bereits im 16. Jahrhundert wurde anstelle der Berufsbezeichnung Schinder das Wort Abdecker benutzt. Das war der, der dem verendeten Tier das Fell (die Decke) abzog.

Der Ruf des Abdeckers galt (wie der des sogenannten fahrenden Volkes, der Spielleute, Bader, Schäfer und Scharfrichter) bis 1817 als »anrüchig« wegen des Verwesungsgeruchs, der Fliegenschwärme und Maden zuhauf anlockte, weshalb die Abdeckerei meist außerhalb der befestigten Stadt oder des Dorfes eingerichtet wurde. Das Ungeziefer lockte Aasfresser an. Daran erinnern noch heute Namen wie Rabengasse. Abdecker konnten sich nicht in Zünften organisieren oder Ehrenämter übertragen bekommen. Oft nannte man sie unter Umgehung der eigentlichen Berufsbezeichnung mit Tabunamen als »Freimann« oder »Ungenannter Mann«. Der Beruf des Abdeckers wurde häufig vom Scharfrichter oder vom Gemeindehirten ausgeübt.

Es galt bereits als Unglück, einem der gleichsam Ausgeschlossenen zu begegnen, gar mit ihm gemeinsam gegessen oder getrunken oder ein Stück gegangen zu sein. Der Kontakt zur übrigen Gemeinschaft war praktisch unmöglich. Da nimmt es nicht wunder, wenn auch die Ehen nur in diesem eng gesteckten Kreis geschlossen und die Abdeckerfamilien mehr oder weniger miteinander verwandt, verschwägert oder wenigstens befreundet waren. Außerdem bot diese relative Abgeschlossenheit manchem

Verbrecher einen sicheren Unterschlupf. Einer der berüchtigsten Räuber des 18. Jahrhunderts war Johannes Bückler, genannt Schinderhannes, der seinen Spitznamen eben jener Berufsgruppe verdankte, aus der er stammte.

Julius Friedrich Knüppeln schrieb in »Die Rechte der Natur und Menschheit« (1784): »Der Abdekker (Caviller) ist bei uns ehrlos, ausgeschlossen von allen Vorrechten des Bürgers, ausgeschlossen aus dem Zirkel der Gesellschaft, man verachtet und flieht ihn, man fürchtet den Hauch der Luft, den er athmet, ja kann was lächerlicher sein, und mehr die Vernunft beleidigen?«

Zu den Aufgaben eines Abdeckers gehörte, die Kadaver der verstorbenen Tiere außerhalb der geschlossenen Ortschaft zu vergraben, Fäkaliengruben zu entsorgen und streunende Hunde einzufangen. Die gesellschaftlich Geächteten hatten allerdings bestimmte Vorrechte, indem ihnen die verendeten Tiere ohne Kosten überlassen werden mussten. Der Abdecker verarbeitete alle Bestandteile des Kadavers. Das Fell wurde gegerbt, das Fleisch verfüttert, die Knochen zu Seife verarbeitet. Inzwischen wird die Entsorgung verendeter Tiere industriell betrieben.

Im oberdeutschen Sprachraum wurde der Abdecker Wasenmeister genannt, weil die Arbeit häufig auf der Wiese (Wasen), also außerhalb verrichtet wurde. Wiktionary listet noch eine Reihe anderer Bezeichnungen auf: Feld-, Fall-, Halbmeister, Klee- oder Feldmetzger, Luderführer, Kleeken, Mausgewitz.

Aufgrund ihrer Tätigkeit besaßen die Abdecker gewisse medizinische Kenntnisse, die sie in die Lage versetzten, als Heiler aufzutreten, wobei abergläubische Vorstellungen etwa die gleiche Rolle spielten wie das Wissen über die körperliche Beschaffenheit eines Lebewesens.

Als Schindluder bezeichnete man ursprünglich ein krankes Haustier, das zum Abdecker gebracht werden musste, weil es nicht mehr gesund gepflegt werden konnte. Luder war das Fleisch des verendeten Tieres, das als Lockspeise für Raubtiere oder wildernde Hunde ausgelegt wurde.

Die Bedeutung des Wortes hat sich im Laufe der Jahre zu einem Schimpfwort gewandelt und bezieht sich auf einen Menschen, dem man übel mitspielen, nämlich Schindluder (Schinder = Abdecker und Luder = Aas) mit ihm treiben will.

In einer anderen Bedeutung wird es anerkennend benutzt, wenn man meint, dass einer ein Spaßvogel ist. »Du gutes Schindluderchen«, sagt man in Obersachsen, wenn man einen Freund begrüßt. 1859 findet sich am Rhein die anerkennende Formulierung: »Du bes e klei Schinnösje!« (Du bist ein pfiffiges Kerlchen.) Jedenfalls lässt niemand gern Schindluder mit sich treiben und seine Gutmütigkeit ausnutzen.

Adamsapfel

Laut Bibel hat Eva Adam verführt, einen Apfel vom Baum der Erkenntnis zu kosten, was strikt gegen Gottes Gebot verstieß und womit das ganze Elend, die Erbsünde, begann. Weil sich Adam weigerte, so die Legende, die Frucht zu essen, half Eva ein wenig nach und steckte ihm einfach ein Stück in den Mund. Der deutlich tast- und sichtbar hervorragende Abschnitt des männlichen Schildknorpels (Kehlkopf) wird als Adamsapfel bezeichnet mit der Erklärung, dass Adam das Stück der verbotenen Frucht im Hals stecken geblieben ist. »...,weil dem Adam der kröbs oder griebs des von Eva dargereichten apfels in der kehle stecken geblieben sein soll«, erklärt das Grimmsche Wörterbuch.

Die Legende selbst steht so nicht in der Bibel, ist aber in zahlreichen christlichen Erzählungen seit dem Mittelalter nachweisbar. In der Genesis (3.6) ist nur von einer Frucht die Rede. Für die Juden war es eine Feige, für die orthodoxen Christen eine Orange und im Islam ist die Rede von einem Glas Wein. Wenn überhaupt, könnte es sich um einen Granatapfel gehandelt haben.

In der Medizin wird die Bezeichnung Pomum Adami vom 16. bis ins 19. Jahrhundert gebraucht. Seit 1895 (Basler humananatomische Nomenklatur) gilt Prominentia laryngea. Die Bezeichnung Adamsapfel ist bereits für das 15. Jahrhundert belegt. Im 14. Jahrhundert sagte man noch Granatapfel, was dem ursprünglichen Text nähersteht. Der Apfel kommt aus Zentralasien und wurde erst von den Römern nach Europa gebracht. In den alten arabischen Medizinschriften heißt der Schildknorpel Granatapfel. Das Bild vom Apfel ist eine falsche Übersetzung der »Vulgata«. Dort steht arbor mali, das ist der Baum des Bösen. Stattdessen heißt es arbor malli, das ist der Apfelbaum.

In den »Volksmärchen aus Pommern und Rügen« von Ulrich Jahn wird die biblische Geschichte vom Sündenfall so erzählt: Eva hatte, vom Teufel verführt, einen Apfel vom Baum der Erkenntnis gepflückt und davon gegessen, obwohl das ausdrücklich verboten war. »Da fiel es ihr schwer auf die Seele, dass sie sich versündigt habe, und damit sie nicht allein verstoßen würde, rief sie ihren Mann herbei und bat ihn, auch von den Früchten zu kosten. Adam wurde jedoch sehr zornig und verwies der Eva den Ungehorsam gegen des Herrgotts Gebot. Das bekümmerte sie nur umso mehr, und weil sie durchaus nicht alleine aus dem Paradiese vertrieben werden wollte, nahm sie einen Apfel von dem Baume der Erkenntnis und steckte ihn ihrem Manne mit Gewalt in den Mund, dass er ihn herabschlucken musste. Aber auf halbem Wege blieb er stecken. Und noch heute tragen darum alle Menschenkinder den Adamsapfel an der Gurgel und werden ihn tragen, solange es Menschen auf Erden gibt.«

Bemerkenswert in diesem Zusammenhang, dass mit Menschen eigentlich nur die männliche Gattung verstanden wird. Frauen haben keinen Adamsapfel.

Unter den zahlreichen schmackhaften Äpfeln gibt es übrigens auch einen Adamsapfel als Winterapfel. »Die Früchte sind groß und rundlich, die Schale karminrot gefärbt. Das weißgelbe Fruchtfleisch ist sehr saftig und schmeckt angenehm süßweinig und leicht gewürzt«, lautet die Beschreibung der Lieferanten.

Ahoi

Der Seemannsgruß Ahoi wird überraschenderweise auch in Tschechien und der Slowakei benutzt. Dazu fällt mir Ingeborg Bachmanns Gedicht »Böhmen am Meer« ein oder Franz Fühmanns gleichlautende Erzählung. Bereits in Shakespeares Komödie »Ein Wintermärchen« lesen wir von »Bohemia. Adesert country near the sea« als einem Sehnsuchtsort.

Auf See ruft man sich von Schiff zu Schiff Ahoi als Grußwort zu. Es ist vermutlich entstanden aus den Silben a und hoy, wobei a als Anruf vorangestellt wurde. »Hoy!« Oder »hoyhoy!« forderte man in England das Vieh auf, sich vorwärtszubewegen. Der schottische Dichter William Falconer schrieb 1769: »Wenn der Kapitän den Leuten im Mastkorb etwas befehlen will, ruft er: Mastkorb, hurra! Worauf sie antworten: Hallo!« Auch in späteren englischen Fachwörterbüchern wird Ahoy nicht angeführt.

1827 hatte James Ferimore Cooper seinen Roman »The Red Rover« veröffentlicht, im folgenden Jahr erschien »Der rothe Freibeuter« in Frankfurt am Main. Der Übersetzer Karl Meurer nahm es nicht ganz genau. Aus dem Befehl »All hands to mischief, ahoy« wurde »Alle zu Hauf!« Aus »Possen, ahoy!« und »Good humour, ahoy!« wurde »Bei den Possen gehalten, ahoi!«

Friedrich Knickerbocker, der 1831 die zweite Übersetzung vorlegte, überging oder umschrieb ahoy auch falsch mit »Holüber!«. Erst 1842 erhielt »Der Lotse« durch eine weitere Übersetzung von Eduard Mauch eine Vereinheitlichung, allerdings mit vier Mal ahoy und einem Mal ahoi.

Ahoj ist inzwischen ein häufig zu hörendendes Wort in Tschechien und der Slowakei. Es wird als Gruß- oder Abschiedsformel gebraucht.

Ob tiefschürfende sprachwissenschaftliche Untersuchungen immer ein überzeugendes Ergebnis bringen, sei dahingestellt. Vielleicht ist das Wort ahoi einfach als Interjektion entstanden, ein An- und Ausruf, den man möglichst weit hören sollte, wie es der Sprachforscher Gustav Goedel meint. Wie das Ahoj nach Tschechien und in die Slowakei kam, wird unterschiedlich beurteilt oder vermutet. Es könnte sein, dass tschechische Matrosen den Gruß aus Hamburg mitgebracht haben.

Etwas gewagter klingt die Erklärung, dass die Mädchen aus den Hafenbars an Moldau und Oberelbe ihre Freier zum Abschied warnten und ihnen nachriefen: »A hoj! Kdo nehojil, tomu upad« (Und holla! Wer ihn nicht geheilt hat, dem ist er abgefallen!). *Die Verbreitung des Grußes geht wahrscheinlich auf die zwanziger Jahre des letzten Jahrhunderts zurück, als das Kanufahren unter tschechischen und slowakischen Jugendlichen und Studenten populär wurde, vermutet Dietmar Bartz in seiner Abhandlung »Wie das Ahoj nach Böhmen kam«, und die Kanuten auf den südmährischen und südböhmischen Flüssen unterwegs waren. Damals bildete sich eine Wandervogelbewegung. Die jungen*

Leute kochten an Lagerfeuern und übernachteten in Indianerzelten. Manche nannten sich trempi (Tramps). »A-hoooooj!« war ihre identitätsstiftende Anrede. In Tschechien und der Slowakei ist Ahoj so verbreitet wie in Deutschland das Hallo.

Als die deutschen Truppen in Böhmen und Mähren einfielen und das Land besetzten, wurde ahoj als Akronym (aus den Anfangsbuchstaben mehrerer Wörter gebildetes Kurzwort) benutzt: »Adolfa Hitlera oběsíme jistě!« (Klar, wir hängen Adolf Hitler!). Seit dem Kirchenkampf (1950) sagte man: »A jhriešnych ochraňuje Ježiš.« (Jesus schützt auch die Sündigen).

Aprilscherze

Es ist ein seit Alters geübter Brauch, jemanden in den April zu schicken, was so viel bedeutet wie ihn auf harmlose Weise zu veralbern. Was hat das mit dem ersten Tag des Frühlingsmonats zu tun?

Der Brauch ist seit dem 17. Jahrhundert in Deutschland, aber auch in den Nachbarländern Frankreich, den Niederlanden und England bekannt. Man schickt den Lehrling nach Mückenfett oder bittet den Freund um Hahneneier. Ein angefeuchtetes Haar auf der Fensterscheibe täuscht gesprungenes Glas vor. Der Kuchen sei verbrannt und die Schwiegermutter habe ihren Besuch angekündigt. Eben so etwas.

Goethe dichtete:
Willst du den März nicht ganz verlieren, So lass nicht in April dich führen.
Den ersten April musst überstehn, Dann kann dir manches Gute geschehn.

Auch der Volksmund reimte sich einiges auf den 1. April zusammen: »Am ersten April schickt man die Narren, wohin man will.« Am Niederrhein heißt es: »Aprilgeck, steck de Nos in den Kaffeedreck.«

Der Brauch, jemanden in den April zu schicken, wird 1618 erstmals in Baiern (damals noch nicht mit y geschrieben) erwähnt. Vermutlich handelt es sich dabei um eine Adaption des englische Wortes Aprilfoot (auch All-fools-day). Über die Gründe, den 1. April als Datum solcher Späße zu benutzen, wird mehr spekuliert als wirklich bewiesen. Es kann sein, dass mit der Verlegung des Neujahrstages vom 1. April auf den 1. Januar durch den französischen König Charles IX. im Jahre 1564 die für den Jahresbeginn üblichen Geschenke wegfielen und nur noch Scherzgaben überreicht wurden als Erinnerung an den ehemaligen Feiertag.
Der in den April Geschickte wurde verspottet mit dem Ruf: »Poisson d'Avril« (= Aprilfisch).
»Wir wollen und ordnen an, dass in allen Akten, Verzeichnissen, Dokumenten, Verträgen, Anordnungen, Edikten sowohl in offener als auch in gesandter Form und in allen privaten Schriftstücken das Jahr von nun an am ersten Tag des Monats Januar beginnt beziehungsweise gezählt wird«, heißt es im Edikt von Roussillon, Artikel 39.

Dem »Opfer« des Aprilscherzes wurde heimlich ein Fische angehängt, vermutlich eine Anspielung darauf, dass in der Fastenzeit bis Ostern kein Fleisch gegessen werden durfte. Später wurde der Fisch aus Pappe oder Papier gebastelt.
Zu Lebzeiten von Charles IX. war ein poisson d'avril noch ein Dienstbote, der einen Liebesbrief seines Herrn überbrachte.

Unter den zahlreichen Deutungsversuchen findet sich der Hinweis auf den Augsburger Reichstag von 1530, auf dem das Münzwesen neu geregelt werden sollte. Weil es dazu nicht kam, wurde der 1. April für viele Spekulanten, die auf diesen Münztag gesetzt hatten, ein Reinfall und sie verloren viel Geld.

Eine andere Erklärung verweist auf den 1. April 1572. An diesem Tag verlor Herzog Alba die Schlacht um Brielle. Worauf die siegreichen Wassergeusen dem verhassten Spanier »eine Nase drehten«, nachzulesen in den Annalen: »Op 1 april verloor Alva zijn bril« (am 1. April verlor Alba seine Brille).

In den April geschickt hat der Hofstaat von Heinrich IV. den König mit der angeblichen Einladung eines hübschen Mädchens zu einem tête-à-tête. Als der lüsterne Herr an dem angegebenen Ort ankam, wurde er von seinen Höflingen und seiner Frau schadenfroh lachend empfangen.

Nach biblischer Vorstellung war der 1. April der Geburts- und Sterbetag von Judas Iskariot. An diesem Tag sei auch der von Gott verstoßene Luzifer in die Hölle eingezogen. Ein Unglückstag, an dem man »höllisch« aufpassen muss.

Der April ist für sein unbeständiges Wetter bekannt. Wer in den April geschickt wird, muss mit allerlei Ungemach rechnen. In Italien gilt der März als wechselhaft. Dort sagt man marzo pazzo (verrückter März). Im Engadin wird der 1. März in Erinnerung an den römischen Jahresbeginn im Monat März (zu Ehren des Kriegsgottes Mars) begangen.

Das »Große Handbuch des Aberglaubens«, herausgegeben von Ulrike Müller-Kaspar, bringt den 1. April in Verbindung mit der Quirinalia, dem Fest zu Ehren des Gottes Quirinus, der die Gestalt von Romulus annahm, einem der beiden Gründer Roms.
Ganz allgemein gilt der 1. April als Unglückstag, weshalb man nach abergläubischer Vorstellung an diesem Tag nicht in den Wald gehen, die Feldarbeit meiden und keine Gerste säen soll, weil in dem Monat vor allem durch die Eisheiligen Schäden am Saatgut verursacht würden. Hingegen gilt ein feuchter April als Hoffnung auf ein gutes Jahr im bäuerlichen Betrieb. »Wenn der April Spektakel macht, gibt's Heu und Korn in voller Pracht.«

Arsch auf Grundeis

Die Redewendung mit dem Arsch auf Grundeis gehen wird vor allem unter Soldaten gebraucht, um eine fatale oder gefährliche Situation zu beschreiben. Das hat aber nichts mit dem ungewollten Sturz mit dem Hinterteil auf eine Eisfläche zu tun.

Grundeis kann sich bei großem Frost am Grund eines fließenden Gewässers bilden. Kaltes Wasser ist schwerer als warmes. Es sinkt auf den Grund und gefriert. Die Fahrrinne verringert sich durch das Eis. Beachtet das der Schiffsführer nicht oder ahnt er es gar nicht, kann es zu einer gefährlichen Situation kommen, indem das Schiff mit dem Grundeis kollidiert. Dann geht sprichwörtlich der Arsch auf Grundeis. Taut dieses Eis oder platzt es, bricht es mit einem polternden Geräusch ab und steigt an die Oberfläche, weil Eis eine geringere Dichte als Wasser hat. Das klingt, als entfleuchen einem Riesen mächtige Darmwinde oder jemand wird von einem heftigen Durchfall geplagt. Im übertragenen Sinne bedeutet die Redensart: dem ist mächtig bange.

In dem Gedicht »Der erratische Block« schreibt Joseph Victor von Scheffel 1864: Und der spielt die traurigste Rolle, dem die Basis mit Grundeis ergeht … Ich wurde auf treibender Scholle in des Ozeans Brandung verweht.

Das vulgäre Wort Arsch hat seinen Ursprung u. a. im Griechischen, wo órros Darmausgang (lat. anus) bedeutet. Häufig gebrauchte Zusammensetzungen sind zum Beispiel Arschkriecher für einen unterwürfigen Schmeichler, oder das bekannteste Zitat aus Goethes »Götz von Berlichingen« (lat. lambe mihi podicem). Deutlich früher lesen wir bei Luther: »Wenn man aber nun den Teufel kennt, so kann man leichtlich zu ihm sagen: Leck mich im Arsch.« Damit bezieht er sich auf die Vorstellung, man könne den Teufel oder eine Hexe abwehren, indem man den blanken Hintern zeigt. Ein bildlicher Beleg dafür sind die an Gebäuden (Burgen, aber auch städtischen Häusern) angebrachten männlichen wie weiblichen Figuren, die mit eindeutiger rückseitiger Geste Feinde und Gefahren mit dem blanken Hinterteil abwehren sollen. Unmissverständlich schreibt Johann Beer im »Narrenspital«: »... hinfort sollst du mich nicht mer streichen, aber wohl im Arsche lecken, du Hundsfutt, hast mich gehalten wie einen jungen Tanzbären, aber nun blase mir ins Loch dafür.«

Weil man die Redensart als zu anstößig empfand, gebrauchte man verschiedene euphemistische Umschreibungen, wie: »Leck mich am Ärmel!« Oder einfach »Du kannst mich mal!« Mit Bezug auf das Goethewort heißt es: »Du kannst mich ergötzen.« In Schleswig gilt »Klei mi ann Mors.«

Nicht nur im soldatischen Bereich kennt man die Behauptung, jemand sei Schütze Arsch im letzten Glied für einen, den man besonders geringschätzt. Das grobe Wort, jemanden den Arsch aufreißen hatte die Bedeutung anal zu vergewaltigen. Im heutigen Sprachgebrauch bedeutet das, sich um das Wohlergehen eines anderen mit viel persönlichem Einsatz zu kümmern und dafür nur Undank zu ernten. Stubenrein ausgedrückt sagt man enttäuscht: »Undank ist der Welten Lohn.« Ende des 19. Jahrhunderts gebraucht man für eine klare Angelegenheit, sie sei arschklar. Die Herleitung von arg klar ist nicht gesichert. Wenn man jemanden zum Narren hält, dann verarscht man ihn.

Und noch einmal Goethe:
Ars Ares wird der Kriegsgott genannt,
Ars heißt die Kunst und Arsch ist auch bekannt.

Nicht immer ist Goethe so zimperlich mit Kraftausdrücken umgegangen. Als 26-Jähriger verfasste er eine grobe Farce mit dem Titel »Hans Wursts Hochzeit«, die er allerdings nicht vollendete. Erhalten geblieben ist unter anderem das Personenverzeichnis. Und da ging es zur Sache:
Hans Arsch von Rippach Reck-Aerschgen
Ursel mit dem kalten Loch
Matz Fotz von Dresden Schnuck-Fötzgen

Eine hässliche Beschimpfung lautet: Du Arschgesicht! Dabei ist die eigentliche Bedeutung dieses Begriffes ganz harmlos. Man beobachte Tiere, besonders Hunde, wenn sie einander begegnen. Sie beschnuppern ausgiebig das Hinterteil des anderen und prägen sich damit seine speziellen Gerüche ein, wie sich Menschen Gesichter einprägen, um den anderen wiedererkennen zu können. Die Verunglimpfung wird auch in der Kurzfassung »Du Arsch« gebraucht oder »Du Arsch mit Ohren«.

In Benito Wogatzkis »Romanze mit Amélie« findet sich der Satz: »Die und Niveau! Ausgerechnet Lobig, das rote Arschgesicht.«

Heinz Küpper verweist in seinem »Wörterbuch der deutschen Umgangssprache« auf die heute allerdings kaum noch gebrauchte abfällige Bezeichnung für Glatze.

Wer den Arsch riskiert, lässt sich auf ein gefährliches Abenteuer ein. Auf Goethes Lambe mihi podicem ist bereits hingewiesen worden, das korrekt übersetzt heißt: Leck mich im Arsch. Den Satz kannte Goethe bereits aus den Studien für seinen »Götz von Berlichingen«, nämlich in dessen Lebensbeschreibungen:

»Da schrie der Amtmann oben heraus, da schrie ich wieder zu ihm hinauf, er sollte mich hinten lecken.« An anderer Stelle relativiert Goethe allerdings den groben Ausdruck, indem er 1773 an Friedrich Wilhelm Gotter schreibt:
Musst all die garstigen Wörter lindern,
aus Scheißkerl Schurk, aus Arsch mach Hintern.

Und wenn wir schon bei deutscher Hochkultur sind, soll auch eine Strophe aus dem Song »Arschgesicht« der Band Knorkator zitiert werden:
Geh aus dem Weg, du Arschgesicht! Eh Mann, du stinkst nach Klo.
Gib lieber auf, das schaffst du nicht. Und nun zurück in den Zoo.

Um einen anderen als minderwertig und dumm zu bezeichnen, sagt man, er sei ein Arsch mit Ohren. Der Vergleich dient der Lächerlichmachung einer Person. Redensartlich heißt es: »Den Lehrling, der den Arsch zum Fenster hinaushängt, grüßen die Passanten ,Guten Tag, Meister'!«

Das Kraftwort wird umgangssprachlich als Ausdruck besonderer Verwunderung gebraucht, indem man sagt: »Jetzt leck mich am Arsch! Das glaub ich nicht.« In Köln klingt das wesentlich sympathischer:
»Leck mi en de Täsch / Fööt!«

Von einer gottverlassenen Gegend sagt man, sie sei der Arsch der Welt (der gebildete Lateiner sagt After mundi).

Arschkarte zeigen

Für die derbe Redewendung die Arschkarte ziehen gibt es zwei unterschiedliche Erklärung. Die geläufigste kommt aus dem Sport, genauer der Übertragung eines Fußballspiels im Schwarz-weiß-Fernsehen. Der Schiedsrichter hatte zwei Möglichkeiten, ein Foul nachdrücklich zu ahnden und benutzte dafür eine gelbe (Verwarnung) und eine rote Karte (Platzverweis). Die unterschiedlichen Farben sahen zwar die Spieler auf dem Platz und die Zuschauer im Stadion, aber als es noch kein Farbfernsehen gab, war eine Unterscheidung auf dem Bildschirm nicht nachvollziehbar. Um die beiden Karten nicht zu verwechseln, trug der Schiedsrichter die gelbe Karte in der Brusttasche, die rote in der Gesäßtasche (Arschtasche). Je nachdem, wohin er griff, wussten der Spieler

Bescheid, welche Strafe zu erwarten war. Auch der Fernsehzuschauer konnte je nach Handbewegung erkennen, ob es die gelbe oder die rote Karte gibt. Die aus der Gesäßtasche gezogene bekam den Namen Arschkarte. Mit Einführung des Farbfernsehens (1967) fiel die Entscheidung für die Zuschauer am Gerät sichtbar leichter. Die rote Karte bekam der Spieler, der vom Platz gestellt wurde, die gelbe war die letzte Warnung. Und diese Entscheidung des Schiedsrichters für Rot heißt seither, die Arschkarte zeigen. Der Begriff wurde Mitte der 1990er Jahre auch auf andere Bereiche als auf das Fußballfeld übertragen und meint ganz allgemein, dass jemand nachdrücklich verwarnt wird oder einfach Pech hatte, wenn er diese Karte gezeigt bekam.

Die erste rote Karte bei einer WM sah der Chilene Carlos Caszely nach einem Revanche-Foul an Berti Vogts im Spiel gegen Deutschland 1974. Den Rekord für die meisten roten Karten in einem Spiel hielt über mehrere Jahre der schottische Zweitligaspieler Andy McLaren. Er bekam im Dezember 2006 für ein Foulspiel, eine Tätlichkeit gegen einen Spieler und eine Sachbeschädigung in der Schiedsrichterkabine drei Rote Karten. Überboten hat ihn inzwischen Ricky Broadley vom walisischen Fünftligisten Mountain Rangers. Der sah in einem Pokalspiel vier Mal rot.
Die Arschkarte hat inzwischen auch den Weg zu den Kartenspielern gefunden. Über 400 unterhaltsame Fragen, absurde Schätzungen und amüsante Antworten hält das Spiel »Pegasus-Arschkarte« bereit. Wer mit seiner Schätzung am weitesten von der richtigen Antwort entfernt lag, hatte die Arschkarte gezogen.

Der Sprachwissenschaftler Elmar Seebold begründet im »Etymologischen Wörterbuch« eine andere Herleitung. Analog zum Schwarzen Peter im Kartenspiel, in dem der Spieler die Unglückskarte selbst zieht, zieht er – und am Spieltisch wird nicht immer ausgesuchtes Hochdeutsch gesprochen (siehe Skatausdrücke wie »Hosen runter« oder »Grün scheißen die Gäns«) die Arschkarte. Erst von daher, behauptet Seebold, sei der Begriff auf die rote Karte im Fußballspiel übertragen worden.

Bahnhof verstehen

Wenn jemand etwas nicht mehr versteht oder verstehen will, sagt man mit der in den 1920er Jahren zuerst in Berlin aufkommenden Redewendung, er verstünde nur noch Bahnhof, eine Formulierung, die es etwa seit 1840 gibt. Die erste Erklärung, die mir dazu einfällt, hängt mit dem Getöse einfahrender und abfahrender Züge, dem Lärm der Fahrgäste auf dem Bahnsteig und den schrillen, kaum verständlichen Durchsagen über Lautsprecher zusammen. Da versteht man manchmal sein eigenes Wort nicht mehr, sondern nur noch Bahnhof. Klingt logisch, stimmt aber nicht.

Die Herkunft dieser Redewendung ist strittig. Das Herkunftswörterbuch des Dudens mutmaßt, dass jemand, der mit dem Zug verreisen will, vor lauter Aufregung an nichts anderes mehr denken kann und nur noch Bahnhof denkt, den er rechtzeitig erreichen muss, um die Abfahrt nicht zu verpassen. Möglich. Als andere Erklärung wird auf die Sehnsucht der an der Front kämpfenden Soldaten verwiesen, die endlich auf Urlaub fahren wollten und für kein anderes Gesprächsthema mehr empfänglich waren. Die dachten nur noch Bahnhof. Auch möglich.
Hans Fallada schreibt in seinem Roman »Wer einmal aus dem Blechnapf frisst«: »Ich verstehe immer Bahnhof«, was meint, er verstehe gar nichts mehr.

Etwas jünger und auch nur begrenzt verwendet, ist die Redensart über einen, der sich im Leben auskennt: »Bescheid am Bahnhof wissen«, was mit den oft umfangreichen und gelegentlich auch verwirrenden Hinweisen auf Zugverbindungen, Ankunft und Abfahrt zu tun haben könnte.

Mitte der 30er Jahre des 20. Jahrhunderts erklärt die schwedische »Moderna språk«, eine sprachwissenschaftliche Zeitung: »Wenn jemand dem anderen etwas sehr eifrig erklärt, von ihm dringend etwas will, und man tut so, als verstände man ihn nicht, man will ihn necken, ärgern, so sagt man, statt ihm zu antworten, ich verstehe immer nur Bahnhof.« Was das mit Bahnhof zu tun hat, hat sich mir nicht erschlossen.

Da ist die Sache mit der höchsten Eisenbahn leichter zu erklären. Die Redewendung kam um 1920 in Berlin auf, nachdem der dort lebende Satiriker, Humorist und Autor Adolf Glaßbrenner 1847 das Theaterstück »Ein Heiratsantrag in der Niederwallstraße« verfasst hatte, wo der zukünftige Schwiegersohn bei Familie Kleisich zu Besuch ist, dann überstürzt aufbricht und als Erklärung hierfür angibt: »Es ist die allerhöchste Eisenbahn, die Zeit is schon vor drei Stunden anjekommen.« Da verstanden die Leute nur noch Bahnhof.

Es sei denn, man versteht unter Bahnhof umschreibend Vagina, in die die Lok einfährt. Aber diese obszöne Bedeutung ist heute kaum noch bekannt.

Über den Löffel balbieren

Der Barbier – seit dem 16. Jahrhundert auch Balbier – ist ein heute kaum noch gebräuchliches Wort für den Frisör, der Männern die Haare schneidet und den Bart (lat. barba, frz. barbier) stutzt. Man kennt den Begriff bereits im 8. Jahrhundert. Zeitweise übernahmen Barbiere auch andere Tätigkeiten als Haareschneiden. So findet man sie in mittelalterlichen Badestuben bei der Körperpflege, als Badeknechte und sogar als Wundärzte. Sie zogen Zähne, verabreichten Klistiere und setzten Blutegel zum Aderlassen an. Schon in der zweiten Hälfte des 15. Jahrhunderts schlossen sie sich zunächst in den Hansestädten in Zünften zusammen, um ihrem bis dahin als ehrlos geltenden Gewerbe mehr Anerkennung zu verschaffen; denn barbieren / balbieren galt als Synonym für betrügen (wie auch einseifen, schröpfen oder zur Ader lassen gebraucht wurden).

Bei den Römern, auch bei den Germanen (besonders bei den Langobarden, die ihren Stammesnamen daher haben, »die mit den langen Bärten«) war der Bart Zeichen der Männlichkeit. Unfreien und Knechten blieb es untersagt, sich einen Bart wachsen zu lassen. In Bayern versteht man unter einem Gescherten einen Geschorenen und meint damit einen Flegel, einen Menschen mit schlechten Manieren.

Der Bart galt nach altgermanischer Vorstellung als das wichtigste Teil des männlichen Gesichts. Beim Barte wurde geschworen (siehe auch: Bart des Propheten). Wer dem Herrn um den Bart geht, will ihm schmeicheln, also gewissermaßen Honig ums Maul schmieren wie einem Tanzbären, den man auf diese Weise gefügig machen möchte. Das Gegenteil besagt die Wendung, einem in den Bart greifen, wenn man Streit sucht oder jemanden beschimpfen will.

Zar Peter der Große ließ seine Widersacher, die ihn an der Europaisierung Russlands hindern wollten, rigoros rasieren, auch wenn sie flehentlich baten, er möge ihnen den Kopf, aber nicht die Bärte abschneiden. Da war der Bart ab. Auf die beiden vollbärtigen deutschen Kaiser Wilhelm I. und Friedrich III. folgte Wilhelm I., der nur noch einen Schnurrbart trug.

Der Streit um des Kaisers Bart meint die Auseinandersetzung um eine Nichtigkeit, die die Auseinandersetzung nicht wert ist. Als Hintergrund der Redensart wird ein eher akademischer Disput von Gelehrten herangezogen, die sich nicht einigen konnten, welche deutsche Kaiser nun einen Bart getragen haben und ob der von Barbarossa nicht hätte längst weiß oder grau sein müsse. Tatsächlich ging es in der Redensart aber gar nicht um einen oder alle Kaiser, sondern um das schwäbische Wort Geißhaar (Ziegenhaar). Dazu Krüger-Lorenzen in »Deutsche Redensarten und was dahinter steckt«: »Aus Geißenbart wurde so Kaiserbart«. Er verweist auf den römischen Dichter Horaz, der sich darüber amüsierte, ob man Ziegenhaar auch als Wolle wie das der Schafe bezeichnen dürfe (de lana caprina rixari = über Ziegenwolle streiten), was im Volksmund umgedeutet wurde in Streit um des Kaisers Bart. In Emanuel Geibels Gedicht »Von des Kaisers Bart« heißt es am Schluss: »Zankt, wenn ihr sitzt beim Weine, nicht um des Kaisers Bart!«

Ist eine Sache überaltert und längst aus der Mode, heißt es, sie habe einen Bart. »Hörst du die Bartwickelmaschine im Keller?«, ist der Kommentar für einen ewig und ewig wieder erzählten und zum Kalauer verkommenen Witz. Da ist der Bart ab, die

Angelegenheit gilt als erledigt. Oder war damit eigentlich der abgebrochene Bart eines Schlüssels gemeint, mit dem man nicht mehr schließen konnte? Es gibt für alle Redensarten die oft seltsamsten Erklärungen.

Mode ist dem Zeitgeschmack unterworfen. Der Bart war das eine Mal unmodern und das andere Mal (zum Beispiel bei Kaiser Wilhelm I., den man laut Gassenhauer wiederhaben wollte, »aber nur mit Bart!«) besonders in Mode. In der Türkei galt es noch bis ins 20. Jahrhundert hinein als größte Schande, dem Besiegten den Bart abzuschneiden.

Wie kommt nun der Löffel in die Redewendung, jemanden über den Löffel balbieren? Man könnte daran denken, dass dem Hasen oder Kaninchen das Fell über die Ohren (Jägersprache: Löffel) abgezogen wird. Die richtige Erklärung ist verblüffend anders. Alte Männer haben wegen fehlender Zähne oft eingefallene Wangen. Da ist die Gefahr, sie beim Bartscheren zu verletzten, relativ groß. Deshalb steckte ihm der Barbier einen Löffel in die Mundhöhle, um die Wangen zu straffen.

Bärendienst erweisen

Oft reicht die gute Absicht nicht aus, wenn man jemandem helfen will, aber durch Ungeschicklichkeit einen Schaden zufügt. Dann hat man ihm einen Bärendienst erwiesen und das Gegenteil der guten Absicht erreicht.

Die klassische Erklärung liefert Jean de La Fontaine mit seiner Fabel »Der Bär und der Gartenfreund« (1678) vom Bären, der seinen schlafenden Herrn mit einem Stein erschlägt, weil er ihm eine Fliege von der Stirn verjagen will. Die Schlussstrophe lautet in der Übersetzung von Ernst Dohm:

...seht da, der Fliegenmeister rafft 'nen Pflasterstein euch auf, schleudert ihn voller Kraft, zermalmt des Greises Haupt, die Fliege zu verjagen, und hat – ein guter Schütz, allein höchst mangelhaft als Denker – auf der Stell' ihn mausetot geschlagen. Nichts bringt so viel Gefahr uns als ein dummer Freund; Weit besser ist ein kluger Feind.

La Fontaine ist nicht der Erfinder der Allegorie, die seit dem Mittelalter in Europa im Umlauf ist. Sie findet bereits in slawischen Sprachen ihre Entsprechung.

In der griechischen Mythologie kannte man den sogenannten Lichasdienst. Lichas, Diener des Herakles (lat. Herkules) will seinem Herrn einen Gefallen tun, indem er ihm auf Geheiß von dessen Gemahlin Deianeira das Hemd des Kentauren Nessos überbringt. Das war aber mit dem vergifteten Blut der Hydra getränkt und verursachte dem Träger schlimme Qualen. Lichas' Unwissenheit lieferte die Ursache für den Untergang des Helden (Ovid: »Metamorphosen«).

Das Adjektiv bärbeißig für einen besonders grimmigen Menschen ist seit der Mitte des 18. Jahrhunderts geläufig und bezieht sich auf einen zur Bärenjagd eingesetzten kräftigen Hund, den Bär(en)beißer, wie er bereits im 17. Jahrhundert in der Jägerliteratur beschrieben wird. Wörter in Zusammensetzung mit Bär wie bärenstark, Bärenhunger, Bärenkälte etc. werden zur Verstärkung des Bezugswortes gebraucht.

Die Redewendung, jemandem einen Bären aufbinden (ursprünglich anbinden) für betrügen ist nicht eindeutig zu verorten. Am naheliegendsten ist der Bezug zur germanischen Wortwurzel bar (= tragen; man denke an Bahre). Die Bedeutung ging verloren und wurde volksetymologisch zu Bär umgewandelt, was vielerlei Deutungen Raum bot. Eine solche Erklärung geht davon aus, dass Jäger, die ihre Rechnung nicht in der Gastwirtschaft bezahlen konnten, einen Bären als Pfand hinterließen und dann schnell das Weite suchten. Eine andere, auch nicht besonders überzeugende Theorie, meint damit, dass es nicht möglich ist, jemandem einen Bären auf den Rücken zu binden, ohne dass er es merkt.

Eine besondere Art von Bärendienst kannte man in der Mark Brandenburg. Um dem Mann zu Potenz und der Frau zu Fruchtbarkeit zu verhelfen, stellte man ihnen einen Bärenbraten in der Hochzeitsnacht unters Bett. Der bestand aus gebratenen Nieren eines Bären, ersatzweise auch derer von Ochsen, Schweinen oder Schafen.

Bauklötze(r) staunen

Wenn einer über die Maßen erstaunt ist, öffnet er die Augen besonders weit, als könne er damit noch besser sehen. Man sagt: Der staunt Bauklötze(r). Die Redewendung ist etwa 1920 in Berlin aufgekommen, aber noch nicht in dieser Fassung. Der Berliner sagte ursprünglich Jlotzen machen. Jlotzen ist die Kurzform von Jlotzoogen, hochdeutsch Glotzaugen. Aus »machen« wurde »staunen«, aus »Jlotzen« Klötze. So wurde im Laufe der Jahre aus der einstigen Redewendung die auch außerhalb Berlins verständliche »Eindeutschung« Bauklötze staunen.

Die Annahme, dass die Redewendung Bezug nimmt auf das Spielen der Kinder mit Bausteinen, scheint aber weit hergeholt zu sein, auch wenn man durchaus staunen kann, was phantasiebegabte Kinder mit den Steinen aus ihrem Kasten alles bauen.

Bezirzen

Die Circe (griechisch Kirke) war in der griechischen Mythologie die Göttin der Zauberei. Bekannt ist sie uns noch heute durch Homers »Ilias«, einer umfangreichen Dichtung aus der Zeit des Trojanischen Krieges. Sie ist vermutlich im 8. bis 7. Jahrhundert vor Christus verfasst worden. Als Odysseus mit seiner Mannschaft auf der Insel Aiaia, der Heimat der Circe/Kirke, landete, schickte er seine Leute aus, um das Eiland zu erkunden. Von den Ausgesandten kam nur einer zurück. Der erzählte mit Entsetzen, dass seine Kameraden von der Zauberin in Schweine verwandelt wurden. Denn sie hatten von Schweinen die Köpfe, Stimmen und Leiber, auch die Borsten; allein ihr Verstand blieb völlig wie vormals. Weinend ließen sie sich einsperren; da schüttete Kirke Ihnen Eicheln und Buchenmast und rote Kornellen vor, das gewöhnliche Futter der erdaufwühlenden Schweine.

Götterbote Hermes gab Odysseus ein Zauberkraut, das ihn vor Circe schützen sollte. Ihr gelang es allerdings durch allerlei Künste, den weitgereisten Helden zu verführen. Sie hat ihn, und hier liegt der Ursprung der Redewendung, regelrecht bezirzt, sodass er länger auf der Insel blieb, als vorgesehen war. Das hatte Folgen, denn Circe gebar ihm drei Söhne: Telegenos, Agrios und Latinos.

Auch die Argonauten landeten auf ihrer Rückkehr von der Eroberung des goldenen Vlieses an Circes Insel. Iason und Medea sollen auf Geheiß von Zeus zu ihr gegangen seien, um sich für den Mord an ihrem Bruder Apsyrtos von ihrer Blutschuld reinigen zu lassen. Dies tat Circe, wenn auch nur widerwillig. Dann jagte sie sie davon. Die Zauberin wurde als Namensgeberin für einen Asteroiden genommen. Die botanischen Hexenkräuter heißen Circaea, die Echte Radnetzspinne trägt den lateinischen Namen Araneus Circe. Schachspieler kennen die Variante Circe. (Eine geschlagene Figur wird auf ihrem Ursprungsfeld wieder eingesetzt.)

Wenn man noch heute sagt, einer Frau ist es gelungen, einen Mann zu bezirzen, dann sagt man, sie habe ihn durch ihre Künste, durch Charme und weibliche List für sich gewonnen. Gelegentlich heißt es auch von einem Mann, dass er eine Frau bezirzt habe. Das ist aber falsch, da ein Mann eben ein Mann und keine Circe ist.

Binsenwahrheit

Wenn etwas eine Selbstverständlichkeit ist, sich also von selbst versteht und keiner Erklärung bedarf, dann handelt es sich um eine Binsenwahrheit, auch Binsenweisheit. Dazu erklärt die NNZ (Neue Zürcher Zeitung) vom 23. Dezember 1973: »Eine Binsenwahrheit ist eine so einfache, allgemein bekannte und offen auf der Hand liegende Wahrheit, dass sie jedermann einleuchtet, sogar jenen, die an der Binse noch nach Knoten suchen.«

Die häufigste Erklärung geht auf eine griechische Sage zurück. In einem musikalischen Wettbewerb zwischen Apollon (lat. Apollo) und Pan entschied sich König Midas für Pan. Der erzürnte Apollon ließ dem König zur Strafe Eselsohren wachsen, der seinerseits den Makel mit einer Mütze kaschierte. Sein Frisör entdeckte das Geheimnis und vertraute sein Wissen der Erde an, indem er ein Loch grub und dort hineinsprach. Die ganz in der Nähe wachsenden Binsen (Schilf) hörten es und teilten die Wahrheit über des Königs Ohren einander und damit aller Welt mit. Der Wind bewegte die Halme, was wie Flüstern klang.

Eine botanische Besonderheit der Binsen, und so geht eine andere Lesart, besteht darin, dass sie im Gegensatz zu anderen Grasarten keine Knoten besitzen, also »eine glatte Sache« sind ohne komplizierte Verwicklungen. Dafür spricht auch die Redewendung Knoten in einer Binse suchen. Mitte des 16. Jahrhunderts schrieb Jakob Heerbrand: »Sucht dieser Mensch einen Knopf an einer Binse.« Und weit früher, nämlich in den altrömischen Komödien von Plautus und Terentius, steht: nodum in scirpo quaerere (einen Knoten an der Binse suchen). Das Schweizer »Idiotikon« zitiert 1638: »Sonst find ich die Sach so klar, daß wer nicht will in der Binzen einen Knopf suchen, da nichts wegdisputieren kann.«

Christoph Martin Wieland machte die Redewendung bekannt, indem er schrieb: »Es gehört wirklich eine ganze eigene Liebhaberei, Knoten in Binsen zu finden, dazu, die Sache so außerordentlich schwer zu finden.«

Möglich ist auch, die Quelle der Redensart im Jiddischen zu finden. Bienemes heißt die Wahrheit begreifen. Bei der Eindeutschung des Jiddischen kam die Binsenwahrheit heraus.

Anzufügen wäre noch eine eher anekdotische Erklärung, die Adolf Kußmaul in seinen »Jugenderinnerungen eines alten Arztes« aus seiner Studentenzeit schildert. Es habe in Heidelberg, wo er studierte, einen geistig behinderten Menschen gegeben, der »Binsenbub« gerufen wurde, weil er den Pfeifenrauchern Binsen zum Reinigen ihrer Pfeifen verkaufte, was die Studenten eine Binsenwahrheit nannten.

Blumen

Wer etwas durch die Blume sagt, vermeidet es, sein Anliegen direkt vorzutragen. In Frankreich sagt man dire quelque chose avec des fleurs. Die augenscheinlichste Erklärung geht davon aus, dass ein Mann seiner Geliebten (oder der Frau, die er gewinnen will) seine Aufwartung macht, indem er ihr Blumen schenkt. Es gibt sogar eine regelrechte »Sprache«, welche Blume zu welchem Anlass am besten passt.

Zu Beginn des 18. Jahrhunderts schrieb die englische Schriftstellerin Mary Wortley Montagu aus Istanbul vom komplizierten System der Blumensprache, die damit

Eingang in die nonverbale Konversation fand, weil es besonders bei jungen Menschen als unschicklich galt, seine Gefühle direkt auszusprechen. Dabei spielte es auch eine Rolle, wie die Blumen gehalten wurden. Zeigten die Blüten nach unten, war das Gegenteil der Bedeutung gemeint. Steckten sich die jungen Damen das von ihrem Verehrer überreichte Sträußchen über dem Herzen ans Kleid, erwiderten sie die Gefühle. Das Bouquet im Haar musste als Ablehnung verstanden werden.

Wer etwas durch die Blume sagt, so eine andere Deutung bereits aus dem 16. Jahrhundert, vermeidet eine direkte Kritik, will sie aber trotzdem äußern. Direkte Kritik nimmt keine Rücksicht auf die Befindlichkeit des Gegenüber. Da kann die sarkastische Antwort lauten: »Vielen Dank für die Blumen!« Wer es aber direkt sagen will und ohne beschwichtigende Floskeln, der sagt es unverblümt.

Vulgärsprachlich verstand man unter Blume auch Penis, Anus, Vagina. Wer einer Frau die Blume ausrupfte, entjungferte sie. Und mit die Blume gießen oder einpflanzen sagte man quasi durch die Blume für koitieren.

In der antiken Rhetorik kannte man flosculus (Blümchen), woraus unser Wort Floskel wurde. Noch im 19. Jahrhundert pflegten die Gebildeten auf Lateinisch zu sagen: sub rosa (unter einer Rose). Die Rose gilt als Sinnbild der Verschwiegenheit. Wenn bei einem Gastmahl reicher Römer eine Rose von der Decke herabhing, bedeutete das, dass die Verhandlung geheim und damit vertraulich bleiben sollte. Diese Vorsichtsmaßnahme wurde auch noch bis ins Mittelalter in Gerichtsverhandlungen praktiziert.

Wikipedia listet einen umfangreichen Katalog zur Blumensprache auf, u. a.:
Akelei – Du bist ein Schwächling
Anemone – Ich möchte ganz bei dir sein
Aster – Du bist mir nicht treu
Brennnessel – Ich habe dich durchschaut
Chrysantheme – Mein Herz ist frei
Dahlie – Ich bin schon vergeben Gladiole – Sei nicht so stolz

Hibiskus – Du bist eine zarte Schönheit
Kornblume – Ich gebe die Hoffnung nicht auf
Narzisse – Du bist ganz schön eitel
Nelke – Ich verachte dich
Rosen, rot – Ich liebe dich über alles
Rosenknospen, weiß – Du bist unfähig zu lieben
Schilf – Entscheide dich bitte endlich
Tulpen, rot – ewige Liebe

Also ist Vorsicht angeraten beim Verschenken von Blumen, damit man die richtigen für die gewünschte Bedeutung auswählt und nicht die Angebetete mit Nelken überrascht.

Aber Vorsicht mit Wicken! Im obszönen Wortschatz bezeichnet man mit Wicken die Schamhaare einer Frau und in die Wicken ficken einen unbefriedigenden Koitus. Dem liegt das Bild vom Wild, das in die Wickenfelder flüchtet, zugrunde, wo es für die Verfolger unauffindbar ist (siehe: In die Binsen gehen).

Um zu betonen, dass ein Vorhaben keinen Erfolg haben wird, warnt man von vornherein: Damit ist kein Blumentopf zu gewinnen. Die aus Berlin stammende Redewendung spielt vermutlich auf den Blumenstrauß an, der Künstlern am Ende ihrer Darstellung überreicht wird – wenn sie denn die Erwartungen des Publikums erfüllt haben. Oder es handelt sich um einen Rückgriff auf die jahrmärktlichen Würfelbuden, oft mit dem Zusatz versehenen: »Damit kannst du bei mir keinen Blumentopf gewinnen, und wenn du 19 trudelst.« Du höchster Augenzahl ist 18 (3 x 6).

Ich erinnere mich eines Witzes aus DDR-Zeiten. »Unsere Menschen« haben Walter Ulbricht Blumen auf die Tribüne geworfen, unter der sie vorbeidefilieren mussten. Aber es waren noch die Töpfe dran.

Unter Blümchenkaffee versteht man einen zu dünn aufgebrühten Kaffee, durch den man auf den Boden der Tasse sehen kann, der häufig mit einer schmückenden Blume versehen war, wie besonders das Dekor der Meißner Porzellanmanufaktur gestaltet war. Das Motiv wurde um 1815 in der Biedermeierzeit entwickelt. Der Begriff wird auch umschreibend für Geiz gebraucht mit Anspielung auf die teure Tasse und das fade Getränk darin.

Als Napoleon halb Europa besetzte und durch die Kontinentalsperre auch die Versorgung der Wiener Kaffeehäuser unterbrach, erregte er damit mehr Widerstand als mit dem Verbot der Einfuhr aller anderen Produkte. Ob er selbst oder einer seiner Berater auf die Idee kam, sei dahingestellt. Man erinnerte sich der sparsamen Preußen, die von der getrockneten Wurzel der Zichorie ein Getränk zubereiteten, dass dem Bohnenkaffee wenigstens ähnlich sah, wenn auch nicht unbedingt so schmeckte. Das anerkannten die Wiener und sagten: »Wenigstens Müh' gibt sich der Näppel.« Vielleicht ist das der Ursprung des Blümchenkaffees.

Wird einem schlecht oder hat man eine böse Vorahnung, dann wird einem redensartlich blümerant. Das hat aber keinen blumigen Hintergrund, sondern ist eine Verballhornung der französischen Fügung bleu mourant (= blassblau, eigentlich sterbensblau), eine 1650 von Frankreich ausgehende Modefarbe. Diese Farbe wurde so häufig und zu allen Gelegenheiten und Ungelegenheiten verwendet, dass sie den Menschen bald überdrüssig wurde (umgangssprachlich zum Halse heraushing, zum Erbrechen waren). Es wurde ihnen blümerant, sobald das »Sterbensblau« irgendwo aufschien. Das korrespondiert mit der Redewendung, mir wird ganz grün und blau vor den Augen.

Böhmische Dörfer

Zunächst mag man die Bezeichnung böhmische Dörfer ganz wörtlich nehmen für Siedlungen im ehemaligen Königreich Böhmen (16. Jahrhundert), inzwischen eine Region in Tschechien. In dem Gebiet, das im Westen an Deutschland und im Süden an Österreich grenzt, wird tschechisch, aber auch deutsch gesprochen. Trotz der räumlichen Nähe hatten die Menschen Probleme mit der Verständigung, weil besonders von deutscher Seite auf die Selbstständigkeit von Sprache und Brauchtum geachtet wurde. Die Deutschen hatten Schwierigkeiten mit der Aussprache tschechischer Ortsnamen, die für sie böhmische Dörfer waren. Die meisten Orte trugen deshalb deutsche wie tschechische Namen (zum Beispiel Marienbad – Mariánské Lázně oder Kuttenberg – Kutná Hora). Die Tschechen ihrerseits sprachen von spanischen Dörfern, wenn sie die deutschen meinten.

Böhmen ist durch seine geografische Lage von allen Meeren weit entfernt. Nur in historisch kurzen Momenten näherte sich der Machtbereich böhmischer Könige unter Karel IV. durch den Erwerb der Mark Brandenburg bis auf einige Dutzend Kilometer den Meeresküsten (pommersche Ostseeküste), und Ottokar II. Přemysl, der über Krain und Friaul (Adriaküste) herrschte. Als Könige von Böhmen und Ungarn regierten Vladislav II. und Ludwig II. bis Anfang des 16. Jahrhunderts auch in Teilen der (heutigen) Küstenregion Kroatiens. Also doch Böhmen am Meer?

Christian Morgenstern schreibt in seinem Gedicht »Das böhmische Dorf«: Palmström reist, mit einem Herrn v. Korf, in ein sogenanntes böhmisches Dorf. Unverständlich bleibt ihm alles dort, von dem ersten bis zum letzten Wort.

Bei Krüger-Lorenzen lautet die Herleitung etwas anders. Die Redewendung von den schwer auszusprechenden Namen böhmischer Dörfern als Synonym für Fremdes, Unbekanntes sei zwar schon vor dem 30-jährigen Krieg entstanden, aber erst während der kriegerischen Auseinandersetzungen volkstümlich geworden. Wahrscheinlich waren es die deutschen Soldaten aus Böhmen, denen es mit einer Angelegenheit wie mit den Namen der tschechischen Dörfer in Böhmen erging, die auszusprechen ihnen schwerfiel.

Goethe brachte die beiden Redewendungen – böhmische Dörfer und es kommt mir spanisch vor – in seinem »Werther« durcheinander, indem er schrieb: »Das waren dem Gehirne spanische Dörfer«.

In einem ganz anderen Zusammenhang begegnet uns Böhmen mit der französischen Vokabel Bohème, worunter man inzwischen eine etwas unorthodoxe Künstlergesellschaft meint, was im 19. Jahrhundert auch in unseren Sprachgebrauch übernommen wurde. Mit Menschen aus Böhmen wurden ursprünglich die aus dem »Zigeunerland« Böhmen stammenden Menschen gemeint, die durch Westeuropa zogen. So jedenfalls bezeichnete man bereits im 17. Jahrhundert die nach gutbürgerlichen Vorstellung unstetes, unordentliches Leben führenden Zuwanderer.

Der Begriff wurde im 19. Jahrhundert vor allem auf die Studenten und Künstler im Pariser Quartier latin übertragen, deren Lebensstil auch »von besonderer Art« war, wie es der französische Schriftsteller Henri Murger in »Scènes de la vie bohème« schilderte. Allgemein bekannt wurde der Begriff Bohème durch Puccinis Oper »La Bohème«.

Böhmen am Meer ist ein fiktiver Ort, eine Projektionsfläche für einen utopischen Idealzustand, der in der Literatur schon bei Shakespeare vorkommt. In seiner Komödie »Ein Wintermärchen« steht: »Bohemia. A desert country near the sea.« Ingeborg Bachmann schrieb das Gedicht »Böhmen liegt am Meer". Hans Magnus Enzensberger verfasste den Essay »Böhmen am Meer«. Franz Fühmann adoptierte verschiedene Begriff aus Shakespeares Werk für seine Erzählung »Böhmen am Meer«. Volker Braun schrieb das Theaterstück »Böhmen am Meer«.

Auch in der bildenden Kunst begegnen wir dem Motiv, so zum Beispiel als Gemälde von Anselm Kiefer (Böhmen liegt am Meer, 1995).

Bombenwetter

Das Wort Bombenwetter ist nach meinem Verständnis sehr belastet. Bei klarem Wetter hatten Piloten in ihren Bombern, als es noch kein Radar gab, eine gute Sicht auf ihre Ziele am Boden. Dennoch weiß ich, dass Bombenwetter erst ab Mitte der 40er Jahre des letzten Jahrhunderts in eben diesem Sinn gebraucht wurde, als ich an der Hand meiner Mutter mit meinen Brüdern in den nächsten Luftschutzkeller flüchten musste.

Im militärischen Sprachgebrauch ist Bombe eine mit Sprengstoff gefüllte Hohlkugel. Dazu fand ich in Johann Hübners »Realem Staats-Zeitungs- und Conversationslexicon« von 1782 folgende Erklärung: »Die Bomben werden aus Feuermörsern geworfen, welche auf ihren besonderen Lavetten stehn. Der leere Platz zwischen dem Mörser und der Bombe wird mit Werg und Erde ausgefüllt, oben aber verwahrt man sie mit einem hölzernen Zapfen. Alsdenn richtet der Constabler den Mörser, und zündet mit brennender Lunte, welche er in der einen Hand hat, die Raquette überm Zündloche an. So bald nun diese anfängt zu brennen, hält er ein anderes Stück brennender Lunte aufs Zündpulver des Mörsers, wodurch die Bombe in die Luft getrieben wird.«

Im übertragenen Sinn sagt man von einer unangenehmen Überraschung, dass sie wie eine Bombe einschlägt. Wer eine Prüfung »vergeigt« hat, ist mit Bomben und Granaten durchgefallen. Auf einer ausgelassenen Party herrscht eine Bombenstimmung. Im Freibad macht eine Arschbombe Spaß.

Das Wort Bombenwetter kam im 17. Jahrhundert aus Frankreich (la bombe) und Italien (bomba) nach Deutschland. Es geht auf lat. bombus beziehungsweise gr. bombos für »dumpfes Geräusch« zurück. Zusammensetzungen mit Bombe sollen das Bezugswort besonders hervorheben, also Bombenwetter, Bombenerfolg oder Sexbombe usw.

In einem Studentenlied aus der zweiten Hälfte des 19. Jahrhunderts, dessen Verfasser unbekannt ist, heißt es: »Lasset die feurigen Bomben erschallen!«

Brett vor dem Kopf

Von einem, der besonders begriffsstutzig ist, sagt man, er habe ein Brett vor dem Kopf. Die Redewendung bezog sich aber ursprünglich nicht auf das Denkvermögen eines Menschen, sondern auf die Art und Weise, störrische Ochsen mit einem Brett vor den Augen zur Ruhe zu zwingen. So konnten sie durch allerlei störende Vorgänge um sie herum nicht verunsichert werden.

Es könnte sich aber bei dem Brett vor dem Kopf um das sogenannte Stirnjoch handeln. Das wurde den Ochsen für die Kraftübertragung vor die Hörner gelegt. Da Ochsen allgemein als Sinnbild der Dummheit galten (zu Unrecht!), bedeutete die Redewendung auf den Menschen übertragen, dass es mit seinem Denkvermögen nicht zum Besten steht.

Kurt Tucholsky spottete in »Der Chef«: »Der Chef hat eine Laune (die anderen haben auch eine Laune, bringen sie aber nicht ins Büro mit, sondern geben sie in der Garderobe ab). Der Chef ist sehr gewitzt, mitunter klug; in gewissen Sachen dagegen von Gott geschlagen und mit einem Brett vor dem Kopf versehenen. Der Chef hat ganz andere Sachen im Kopf, als das Personal denkt.«

Viele Redewendungen mit Brett sind heute nicht mehr geläufig. So sagte man von einem besonders schlauen Menschen, der sieht durch drei Bretter. Bekannter ist da schon das schwarze Brett. Das war zunächst eine schwarze Tafel im Wirtshaus, auf der der Wirt die Schulden seiner Gäste notierte, was nicht zu deren guten Ruf gereichte. Ab dem 17. Jahrhundert wurde das schwarze Brett auch genutzt, um (zunächst in den Universitäten) amtliche Mitteilungen zu veröffentlichen.

Es gibt Leute, die das Brett bohren, wo es am dünnsten ist, weil sie jede Mühe scheuen. Es gibt aber auch Menschen, die sich nicht scheuen, ein dickes Brett zu bohren. Einer, der den leichtesten Weg sucht, ist ein Dünnbrettbohrer. Aber dicke Bretter bohrt jemand, der sich einer schwierigen Aufgabe widmet.

Von der Theaterbühne sagt man, das seien die Bretter, die die Welt bedeuten. Diese Formulierung geht auf Friedrich Schiller zurück, der in seinem Gedicht »An die Freunde« (1803) schrieb:

Sehn wir doch das Große aller Zeiten
Auf den Brettern, die die Welt bedeuten,
Sinnvol still an uns vorübergehen.
Alles wiederholt sich nur im Leben,
Ewig jung ist nur die Phantasie;
Was sich nie und nirgends hat begeben,
Das allein veraltet nie.

Junge Schauspieler, die noch keine Bühnenerfahrung haben, haben noch nicht auf den Brettern gestanden. Das gilt auch für unerfahrene Skisportler.

Daumen drücken

Wenn ich für jemanden den Daumen drücke, dann wünsche ich ihm Erfolg und Glück. Analog zu der Sonderstellung des Daumens (das ist der Geschwollene, der Dicke) an der menschlichen Hand gibt es zahlreiche Wortbildungen und Redewendungen, u. a. einen grünen Daumen haben, Daumensprung, Pi mal Daumen (der Daumen als Maßeinheit), Däumchen drehen, den Daumen auf etwas haben, Däumling. Der Daumen besteht zwar nur aus zwei Gliedern, während die Finger jeweils drei haben, aber er ist insofern der wichtigste, weil erst mit ihm aufgrund seiner besonderen Beweglichkeit und seiner der Handfläche gegenüberstehenden Stellung ein sicheres Greifen möglich ist. Da nimmt es nicht wunder, dass er auch im Volksglauben eine besondere Stellung einnimmt oder als »Gottes Finger« in der christlichen Religion bezeichnet wird.

Man wird unsichtbar, glaubte man einst, wenn man sich aus schwarzem Katzenfell einen Däumling nähte und sich den über den linken Daumen zog. Um sich vor nächtlichen Alpträumen und Hexen zu schützen, sollte man während der Nachtruhe die Daumen einbiegen. Das schütze auch vor himmlischen Strafen, wenn man einen Meineid geleistet hat. Im Kegelsport kann man den Gegner mit dem Daumen Misserfolg anzaubern. Vor Hundebissen schützte man sich mit eingeknicktem Daumen. Und ganz fies: Wenn man einen Schlafenden am Daumen festhält, so plaudert der alle Geheimnisse aus.

Wer einem anderen den Daumen aufs Auge drückt, will ihn zu einer bestimmten Handlung oder Aussage zwingen. Wer früher in einem Zweikampf unterlag, dem wurde gedroht, ihm das Auge auszudrücken, wenn er nicht um Gnade fleht. Raue Sitten damals. Daher auch die abgeschwächte Variante, jemandem etwas auswischen (nämlich das Auge). In ähnlicher Bedeutung gebraucht man die Redewendung, einem die Daumenschrauben aufsetzen, wie eine der grausamen Foltermethoden besonders durch die Inquisition praktiziert wurde.

Bei epileptischen Anfällen versuchte man, die Daumen aus der geschlossenen Hand zu brechen, um die Macht des bösen Geistes zu besiegen. »Man bricht der (ohnmächtigen) Frau die Daumen aus«, heißt es bei Christian Fürchtegott Gellert.

Daumen ist aus dem althochdeutschen Wort dūm(o), mittelhochdeutsch dūme entstanden und wurde weitergebildet über westgermanisch thūman, das meinte »besonders stark(er) oder kräftig(er) (Finger). Dessen Bedeutung wird auch in der Genesis beschrieben: »daz die selben fingere helfen ein anderen. Sô ist der grôzeste unter in der nutzeste, daz ist der dûme, der hilfet in sliume, wande si âne in ne mugen sâ niuweht gehaben.«

Die bekannteste Geste ist Daumen hoch oder Daumen nach unten aus den römischen Gladiatorenkämpfen. Das geht allerdings auf eine Filmszene zurück, die wiederum ein Bild (Pollice Verso, 1872) des französischen Malers Jean-Léon Gerôme kolportierte. Es dürfte mithin eine künstlerische Erfindung sein wie die gehörnten Helme der Wikinger, die dadurch martialischer aussehen sollten.

Wikipedia listet verschiedene Daumen-Gesten auf:
· Faust ausstrecken und den Daumen nach unten zeigen – Ablehnung.
· Faust ausstrecken und den Daumen nach oben zeigen – Zustimmung oder Zusage. In einigen arabischen Ländern sowie im Iran hat diese Geste die Bedeutung des erhobenen Mittelfingers. Dies kann zu unangenehmen Missverständnissen führen!
· Faust ausstrecken und den Daumen horizontal zeigen – Unentschlossenheit oder Neutralität.
· Daumen drücken: Daumen wird auf die restlichen Finger gedrückt – Erfolg wünschen. Faust, bei der die Finger den Daumen umschließen, nachdem zunächst die flache Hand gezeigt und der Daumen angelegt wurde: Signal an andere mit der Bedeutung »brauche Hilfe, befinde mich in einer Notlage, erlebe häusliche Gewalt«. Es handelt sich dabei um eine Geste, die 2020 von der Canadian Women's Foundation entwickelt wurde und sich vor allem durch soziale Medien verbreitet hat (Notgeste, Hilfegeste).
· Kreuz auf der Stirn eines Gläubigen mit dem Daumen nachzeichnen – Segnen einer Person im Christentum.
· Den nach oben gerichteten Daumen ablecken und vorstrecken ist eine in Bulgarien verbreitete Geste, mit der man eine Wette abschließt oder zum Wetten provoziert.

Zurück zum symbolischen Glückwunsch. Der Daumen wird von der zur Faust geballten Hand umschlossen, womit das Glück festgehalten werden soll, während in anderen Ländern die Finger gekreuzt werden (englisch: fingers crossed, französisch: croiser les doigts pour porter chance à quelqu'un). Möglicher Hintergrund: Bei einem Faustkampf werden die Hände zusammengeballt. Der eingelegte Daumen wird dadurch geschützt und stabilisiert gleichzeitig die Faust. Sinnbildlich hielt man mit dem eingelegten Daumen (als Dämon verstanden) die Gefahr gering. Das Rotieren der Daumen umeinander als Verlegenheitsgeste war verpönt, weil man so den Teufel reizen würde.

Der Daumen als Glücksbringer galt besonders wirksam, wenn er einem gehenkten Dieb abgeschnitten worden war (Diebsdaumen). Um sich vor dem Beschreien, einem

Meineid oder einem Hundebiss zu schützen, musste man den linken Daumen einknicken. Die Anleitung des sogenannten Wurmsegens lautete: »nim den gerechten dūmen in die gerechte hant.«

Auch als Maßeinheit spielte der Daumen eine Rolle. Er entsprach etwa einem Zoll und verlor seine Bedeutung erst mit der Einführung des metrischen Systems, obwohl er sich in Redewendungen erhielt: »So lang wie ein halber Daumen«, sagt man noch heute im Rheinland. Tuch wurde mit Elle und Daumen abgemessen, was aber häufig (absichtlich oder nicht) zu Fehlern führte. »Er hat viele Ellen gemessen, er het gor e breiten Dumen.« Oder im Westfälischen: »Hä slätt em wot unnerm Dumen« – er betrügt. Die Fleischerfrau wog den Daumen mit, wenn sie die Wurst auf die Waage legte.

Zum Abschätzen von Entfernungen und zur Zielsicherheit peilte man beim Militär und auf See mit dem Daumen an der ausgestreckten Hand. »Eine Daumenbreite weiter rechts!«

Schließlich drückt der hochgereckte Daumen eines Wanderers am Wegesrand die Bitte aus, von einem Autofahrer mitgenommen zu werden, wenn er per Anhalter mit dem Daumen fahren wollte. In einem beliebten Kinderlied heißt es: Das ist der Daumen, der schüttelt die Pflaumen.

Der Verlust von Fingern kann kompensiert werden, nicht aber der des Daumens, denn ohne Daumen kann man nichts greifen, zum Beispiel auch kein Schwert halten. Nach altgermanischem Recht wurde die Verletzung des Daumens, des Gottesfingers, mit hohen Strafen belegt.

Die Geste, Daumen und Zeigefinger aneinander zu reiben, verweist auf Geld ausgeben oder fordern. Jedes Geldstück wurde mit einem Daumendruck geprüft. Wenn man in Luxemburg sagt: »Hie kann den Daum net réieren«, heißt das, der andere habe kein Geld; er hat eben einen kranken Daumen. Sagt man aber in Hamburg, »he hat wat förn Dum«, dann attestiert man ihm ein nennenswertes Vermögen. Wer sich redensartlich in den Daumen schneidet, hat sich geirrt. Und wer sich etwas aus dem Daumen saugt, der denkt sich etwas aus, was der Wahrheit nicht entspricht.

Dreck am Stecken

Hat einer Dreck am Stecken (oder am Ärmel), so macht er sich verdächtig, etwas Unanständiges, Unerlaubtes oder Böses im Schilde zu führen. Der hat kein reines Gewissen und ist ein Heuchler.

Wer durch Dreck und Unrat gegangen ist, mag sich die Schuhe gesäubert haben, bevor er das Haus betrat, aber an seinem Stock, den er mit sich führte, sah man, woher er gekommen ist. Der ist nicht koscher, um es mit einem jüdischen Wort zu benennen, der taugt nicht viel.

Im Mittelalter waren die meisten Straßen und Wege noch nicht befestigt. Kam einer vom Land in die Stadt oder begab er sich an den Hof, konnte man ihm an der verstaubten oder verdreckten Fußbekleidung ansehen, woher er tatsächlich kommt und dass er von niederem Stand war. Er mochte seine Schuhe noch so gründlich gereinigt haben, den Stock, den er häufig mitführte, vergaß er meistens zu säubern. Da war Vorsicht geboten, denn Dreck setzte man mit charakterlichem Mangel gleich. Also war es nicht weit bis schmutzige Gesinnung oder infamer Lügner, wie bei Jeremias Gotthelf in »Die Käserei in der Vehfreude« (1850) nachzulesen: »Du kannst der Lügner sein und den Dreck am Stecken haben.«

Dreck wird auch in zahlreichen anderen Redensarten, mal positiv, mal negativ verwendet. Wenn einer Dreckskerl geheißen wird, ist nicht viel los mit ihm. Andererseits sagt man in Bayern zu seiner Liebsten: »Oh du Dreckel du!« – wie man zum Beispiel in Norddeutschland »min säuten Schieter« sagt.

Wenn man sich um jeden Dreck kümmert oder nicht kümmert, ist das ein Synonym für etwas Wertloses. Bei Johann Fischart steht 1575 in der »Geschichtsklitterung«: »Sorgen macht worgen [borgen?]: vnnd macht euch also vnleidlich, daß jr an ein jeden Treckt stoset, der im weg liegt.« Verleumder sind, die auf andere mit Dreck werfen. Wer so etwas tut, ist eine regelrechte Dreckschleuder oder Dreckskerl. Relativ jung

(Ende 20. Jahrhundert) wird mit Dreckschleuder ein Kohlekraftwerk wegen des hohen CO_2-Ausstoßes bezeichnet. Wer besonders reich ist, der muss Geld wie Dreck haben. Und wenn man behilflich ist, dann hilft man, die Karre aus dem Dreck zu ziehen.

In der Volksmedizin wurde oft versucht, ein Leiden durch Ekel zu bekämpfen. Dafür wurden verschiedene Mixturen aus Kot, Urin und Menstruationsblut entwickelt, um daraus Pillen, Klistiere oder Salben zuzubereiten, die gegen Krankheiten und Dämonen wirken sollten und führte sie als Dreckzauber in sogenannten Dreckapotheken mit. Die Zusammensetzung und Wirkung dieser Pillen und Salben kann man in Christian Franz Paulinis »Neuvermehrte heylsame Dreckapotheke« nachlesen, in dem er sich an den »Redlich-Teutschen Leser« wendet: »Es wird Zweifels ohne mancher träger Banck-Bruder und dünkelwitziger Stumpfhirn abermals die Nase über meinem neu-vermehrten heilsamen und schleunig abgegangenem auch ernstlich wieder verlangten Dreck rümpfen, dessen Muthwillen zwar ich nicht hemen kan. Ein Weiser erinnere sich hiebey, wie er aus Lehm gemacht sey, a) und sein Fleisch um und um würmicht und koticht, b) er selbst Thon, c) ein eitel schändlicher Koth, d) oder daß ich etwas höflicher rede, Erde und Asche sey […] und damit billich alles für Dreck achten solle […]«. Das Produkt gab man dem anderen zu essen oder verzehrte es selbst.

Vor Jahren las ich eine zauberhafte Geschichte in der »Wochenpost« – leider habe ich den Namen des Autors vergessen – von einer Frau, die ihrem Manne nichts, aber auch gar nichts recht machen konnte. An allem hatte er etwas auszusetzen und zu mäkeln. Eines Tages hatte sie für eine große Gesellschaft im Garten eine Tafel gedeckt. Alles lag und stand an der richtigen Stelle. Alles war perfekt. Die Gäste kamen. Da flog ein Vogel über die festliche Tafel und ließ etwas auf das damastene Tischtuch fallen. Es war zu spät, den Makel zu beseitigen. Also stellte die Frau in ihrer Not eine Terrine auf den Vogelschiss. Die Gäste waren von der Tafel sehr angetan. Der Ehemann verzog sein Gesicht. »Nun«, fragte sie ihn mutig, »hast du etwas zu beanstanden?« Und er antwortete verärgert: »Einen alten Dreck will ich!«. Da nahm sie die Terrine zur Seite und präsentierte ihm, wonach er verlangt hatte: einen alten Dreck.

Elfenbeinturm

Es gibt keinen Turm aus Elfenbein. (Bein ist ein alter Ausdruck für Knochen, belegt seit dem 8. Jahrhundert.) Dieses immaterielle Gebäude ist eine Metapher, ein Gleichnis für einen Ort, an den sich Künstler, Schriftsteller oder Wissenschaftler zurückziehen, um unbeeinflusst durch äußere Einwirkung oder Ablenkung schreiben oder forschen zu können. Joris-Karl Huysmans schildert in »Gegen den Strich« einen heruntergekommenen Adligen, der vor der ihn umgebenden Gesellschaft in einen selbstgewählten Elfenbeinturm flieht. Das Buch gilt als »Bibel der Dekadenz«.

Der Ursprung der Redewendung ist im Hohen Lied 7,5 zu finden: »Dein Hals ist ein Turm aus Elfenbein.« Elfenbein ist im christlichen Verständnis mit Reinheit gleichzusetzen. Ebenfalls im Alten Testament findet sich bei Offb 18,12 die Aufzählung von Kostbarkeiten wie Elfenbein, Edelholz, Bronze, Eisen und Marmor. Die Jungfrau Maria wird ehrfurchtsvoll als elfenbeinener Turm angebetet.

Seit dem 19. Jahrhundert versteht man in Europa unter Elfenbeinturm einen abgeschiedenen Ort. Der französische Schriftsteller und Literaturkritiker Charles-Augustin Saint-Beuve beschrieb mit dem Begriff tour d'ivoir die Entfremdung des Schriftstellers Alfred de Vigny von den Realitäten des ihn umgebenden Lebens.

Zu Beginn des 20. Jahrhunderts taucht »Elfenbeinturm« im deutschen Sprachraum auf. Mit einem kritischen Aspekt gebraucht, sprach man von der Reformnotwendigkeit deutscher Universitäten. Der Verband Deutscher Studentenschaft forderte 1960 den »Abschied vom Elfenbeinturm« zugunsten einer wirklichkeitsnahen Lehre und Forschung, womit sich die Studierenden gegen die Selbstherrlichkeit von Wissenschaftlern und Ärzten wendeten, die sich ohne Rücksicht auf die Verstehbarkeit durch Laien in einer fachspezifischen Sprache ausdrückten, ein Phänomen, das häufig Ärzte betrifft, die ihre Patienten mit lateinisch-griechischen Ausdrücken konfrontieren, ohne sie zu erklären.

Das Wort Elfenbein (frühnhdt. helf(f)enbein, mittelnhdt. Hëlfenbein, altnhdt. Helfantbein) bedeutet Elefantenknochen. Elfenbein diente bei den Römern unter der Bezeichnung indisches Horn als Zahnersatz. In der Volksmedizin glaubte man an die Wirkung geschabten Elfenbeins zur Erleichterung der Geburt oder als Mittel gegen Gelbsucht (wegen der gelben Farbe), Fieber, Milz- und Leberbeschwerden.

Etepetete

Wer sich etepetete benimmt, verhält sich affektiert, umständlich oder auf lächerliche Weise geziert. Es stand ursprünglich für vorsichtiges, abwägendes Verhalten, hatte also noch keine negative Bedeutung. Das Wort ist seit Mitte des 17. Jahrhundert bekannt. Es dürfte aus dem Französischen kommen: être, peut-être (= kann sein, vielleicht). Oder es handelt sich, zweite Lesart, um eine witzige Berliner Umbildung des besonders im norddeutschen Sprachraum bekannten öte, ete. Ötigkeit bedeutet geziertes Benehmen. In Theodor Fontanes »Unterm Birnbaum« lesen wir: »Und nun gar diese schnippsche Prise, die sich ewig mit ihrem türkischen Schal herumziert und noch öterpotöter ist als die Reitweinsche Gräfin!« Die Verdoppelung ete mit petete folgt dem gleichen Muster wie eiapopeia oder holterdipolter.

Die Schleswig-Holsteiner sagen stattdessen etjerpotetjer, die Mecklenburger entepetente. Richard Wossidlos »Rätsel vom Ei« aus den »Mecklenburgischen Volksüberlieferungen« geht so: Entepetente leech up de bänk.,Entepetente feel von de bänk. Do kemen de herren von Hickenhacken, künnen entepetente nich wedder heil maken.

Ähnliche Fügungen gibt es auch in anderen Sprachen. Die Engländer sagen zum Beispiel hoity-toity.

Ewig und drei Tage

Um einen unbestimmten Zeitraum in der Vergangenheit oder der Zukunft zu benennen, benutzt man die vage Wendung ewig und drei Tage. Dabei kann man auch statt ewig »unendlich« gebrauchen. Aber wie sollen dann drei Tage zuzuordnen sein, denn unendlich ist ohne Ende. Ab wann gelten die drei Tage obendrauf? Da muss man schon ins Mittelalter zurückgehen, in dem diese Redewendung als ein fester juristischer Begriff gebraucht wurde. Nach erfolgtem Urteil zu einem Kauf oder einer Erbschaft musste ein konkreter Zeitraum festgelegt werden, ab dem das Urteil rechtskräftig war. In dem Zusammenhang verstanden die Gerichte ewig als den Zeitraum von einem Jahr, sechs Wochen und drei Tagen. Das Landgericht tagte aller sechs Wochen. Die Sitzungsperiode umfasste drei Tage. Die Einspruchsfrist war auf ein Jahr festgelegt. Weil die Bedeutung der Redewendung im Laufe der Jahre in Vergessenheit geraten ist, nicht aber die Formel, sagt man heute ewig und drei Tage, um einen unbestimmten Zeitraum zu beschreiben, wie es in der Predigt heißt: »In Ewigkeit. Amen.«

In Mecklenburg sagt man: »Dat rägent jo woll ewig un drei Dag.« Wenn zu einem feierlichen Akt hundert Salutschüsse abgefeuert werden, gibt man zur Sicherheit noch einen Schuss dazu. Man sagt schließlich acht Tage, wenn man die sieben Tage einer Woche meint, auch das zur Absicherung wie die Einspruchsfrist nach einem Jahr und sechs Wochen.

Ursprünglich verstand man unter ewig die Dauer eines Menschenlebens. Man denke an Friedrich Schillers »Drum prüfe, wer sich ewig bindet«, was parodierend fortgesetzt wurde: »ob sich nicht noch was Bessres findet«. Diese Spanne wurde im Laufe der Jahre über einen längeren, Generationen übergreifenden Zeitraum verwendet (ewiger Ruhm, ewiger Frieden, ewige Freundschaft, ewige Treue). »Up ewig ungedeelt« lautet der Wahlspruch Schleswig-Holsteins, der allerdings mehrfach gebrochen wurde. So viel zum Thema Ewigkeit.

Die Ewiggestrigen sind Leute, die unbeirrt in der Vergangenheit leben, wie es Schiller in »Wallensteins Tod« I.4) beschreibt.

Nicht was lebendig, kraftvoll sich verkündigt, Ist das gefährlich Furchtbare. Das ganz Gemeine ist's, das ewig Gestrige, Was immer war und immer wiederkehrt, Und morgen gilt, weil's heute hat gegolten!«

Die Ewigkeit ist sowohl ein hoffnungsvolles Streben von Menschen, aber auch die Verdammnis im ewigen Feuer der Hölle, wo der ewige Sünder, aber auch der Teufel von ewigem Durst gequält werden. Um den Begriff zu fassen und Ewigkeit zu begreifen, benutzte man ein Vehikel: Die Ewigkeit dauert so lange, »wie ein Vogel, der alle 1000 Jahre einmal seinen Schnabel an einem Berg wetzt, benötigt, um den Berg flachzuwetzen«, beschreibt (»Das Große Handbuch des Aberglaubens«). Sie endet mit der Erlösung.

In der Soldatensprache, deren Grobheit die innere Erschütterung über den Tod eines Kameraden kaschieren will, heißt es über einen Gefallen, dass er in die Ewigkeit weggetreten ist. In Ludwig Uhlands Gedicht »Ich hatt' einen Kameraden« heißt es: »... bleib du im ewigen Leben, mein guter Kamerad«. Bei Karl May findet sich wiederholt die Formulierung ewige Jagdgründe, wenn ein Indianer stirbt oder im Kampf fällt.

Das Ewige Licht einer Kerze symbolisiert die Unvergänglichkeit. Es wird für die armen Seelen im Fegefeuer entzündet. Wenn es in der Nacht besonders hell brennt, kündigt das den nächsten Sterbefall in der Gemeinde an. Für den Frommen brennt das bei seiner Beerdigung entzündete Licht ewig.

Der kleinste Stern der Deichsel des Sternbildes Großer Bär heißt Ewiger Fuhrmann. So wurde der Fuhrmann bestraft, der ständig geflucht hat und der ewig fahren wollte.

Gardinenpredigt

Wer eine Gardinenpredigt gehalten bekommt, der sollte sich tunlichst ruhig verhalten und nicht widersprechen, denn mit einer frommen Predigt von der Kanzel herab hat die Redewendung nichts zu tun. Man stelle sich einen Ehemann vor, der spät am Abend oder gar erst in der Nacht aus der Kneipe nach Hause kommt, wahrscheinlich nicht mehr ganz nüchtern und viel später, als er es seiner besseren Hälfte versprochen hat. Die liegt bereits verärgert im Bett und wartet nur darauf, ihrem Göttergatten Vorhaltungen machen zu können. Und man stelle sich vor, das geschieht zu einer Zeit, als die Betten in vornehmeren Häusern noch mit einem Baldachin versehen waren, an dem zu allen Seiten gardinenartige Stoffe herabhingen, um die Schlafenden vor Ungeziefer wie Wanzen zu schützen. Damit ist das Bild komplett. Die Ehefrau lässt ihre Tiraden gegen den Heimkehrenden vom Bett aus los, sie »predigt« ihm Verhaltensregeln, und er lässt das Donnerwetter über sich ergehen, denn er bekommt eine Gardinenpredigt (im 17. Jahrhundert auch Gardinenmesse) vom Feinsten.

Sebastian Brandt dichtet 1494 im »Narrenschiff«: Die ander kyflet [keift] an dem bett: Der eeman selten frid do hett, musz hören predig ouch gar oft, so manch barfuszer lit und schloft.

Das Wort Gardinenpredigt erscheint frühestens 1743. Etwas älter ist die niederländische Form: »Zij heeft hem de gordijn-metten gelezen.« Eventuell handelt es sich um eine Adaption des bereits 1633 vorkommenden englischen Begriffes curtain lecture.

Jakob Michael Reinhold Lenz schrieb im »Landprediger«: hier fand sie es für gut, ihm aus dem Stegereif eine kleine Gardinenpredigt über das Rauchen, sobald es Gewohnheit wird, zu halten. »Es ist eine Kette«, sagte sie, »an der du ziehst, die dir alle deine übrigen Vergnügungen verdirbt, darum nur, darum habe ich was dagegen einzuwenden. Du bist nirgends ruhig, wenn dich nicht die Pfeife begleitet, und du magst es dir verhehlen, wie du willst, es bleibt immer eine kleine Unreinlichkeit.

Die ursprüngliche Bedeutung der Gardinenpredigt ist verlorengegangen und wird inzwischen ganz allgemein auf strafende Vorhaltung übertragen.

Mit schwedischen Gardinen für Gefängnis hat die Redewendung allerdings nichts zu tun. Die Umschreibung stammt aus dem Argot, der Gaunersprache, und soll an die Grausamkeit schwedischer Soldaten während des Dreißigjährigen Krieges erinnern. Die Gitterstäbe eines Gefängnisses Gardinen zu nennen ist ein typischer Euphemismus, also eine wohlwollende Umschreibung des wirklichen Sachverhalts. Da die Gitterstäbe vor den Zellenfenstern häufig aus dem besonders harten schwedischen Stahl gefertigt wurden, könnte das die Redewendung erklären.

Mein lieber Herr Gesangsverein

Die häufig gebrauchte Redensart mein lieber Herr Gesangsverein, um Erstaunen auszudrücken, ist auf den ersten Blick schwer verständlich. Geht es dabei überhaupt um Musik? Für die Erklärung muss man das Alte Testament bemühen. Das Zweite Gebot (Du sollst den Namen Gottes, Deines Herrn, nicht unnütz brauchen) untersagt, Gott bei Strafe ohne Not zu nennen. Also suchte man nach Worten oder Begriffen, die

anstelle von Gott gebraucht werden konnte. Im 19. Jahrhundert entstanden in Deutschland sehr viele Gesangsvereine. So kam es neben anderen Ersatzwörtern für Gott auch zu mein lieber Herr Gesangsverein.
Zum Beispiel sagte man auch: Mein lieber Scholli! So nannte man früher einen Menschen, der Flausen im Kopf hat. So nannte man den 1783 von der Salzburger Universität exmatrikulierten Studenten Ferdinand Joly, der singend, spielend und dichtend durchs Land zog, um sein Brot zu verdienen. Er kümmerte sich wenig um die Meinung anderer und galt als etwas schrullig, aber nicht bösartig. Er war eben »der liebe Scholli«.

Aber es könnte sich auch um die in Hamburg während der Napoleonzeit (von 1806 bis 1813) stationierten Franzosen handeln, weil die Soldaten den jungen Damen mit den Worten »ma chère jolie« (meine liebe Schöne) den Hof machten.

Geschäft machen

In den Häusern der reichen Römer gab es Toiletten. In Mietwohnungen nutzte man einen Nachttopf (matella). Aber was tat der Römer, wenn er in der Stadt unterwegs war und ihn ein dringendes Bedürfnis ankam? Einfach irgendwo seine Notdurft zu verrichten war streng verboten. Warnungen befanden sich an vielen Häusern: Cacator, cave malum! (Kacker, pass auf, dass es dir nicht schlecht ergeht!). Also wohin? Dafür gab es die latrina publica, öffentliche Toiletten in der ganzen Stadt. Dort saßen Männlein und Weiblein, Patrizier und Plebejer ungeniert nebeneinander, durch keine Wand getrennt, und entleerten Darm und Blase.

Für die Benutzung hatte man eine geringe Gebühr zu entrichten. »Pecunia non olet.« Geld stinkt nicht, soll der römische Kaiser Vespasian gesagt haben, als er seinem Sohn Titus das eingenommene Geld aus der »Urinsteuer« unter die Nase hielt.

Den in den Latrinen eingesammelten Urin benötigten die Gerber zur Bearbeitung des Leders – und Vespasian das Geld zur Auffüllung der leeren Staatskasse. Die öffentlichen Toiletten in Frankreich heißen Vespasienne, in Italien Vespasiani. So kann man sich auch den Namen eines Kaisers merken. Um Einnahmen aus einem unsauberen Geschäft zu verharmlosen, sagt man noch heute Geld stinkt nicht.

Die größten der 114 Latrinen Roms boten Platz für bis zu 80 Personen. Man saß nebeneinander, manche »Sitzung« dauerte auch etwas länger, weil der eine oder andere die Gelegenheit nutzte, mit dem Nachbarn über geschäftliche Dinge zu reden und »sein Geschäft« bei der Gelegenheit zu machen. Der derbe Ausdruck Scheißhauspolitik findet in den römischen Latrinen seine Erklärung. Andere nutzten die Zeit für ein Glücksspiel oder verabredet sich mit dem Erwerb entsprechender Wertmarken für einen Bordellbesuch. Der römische Dichter Marcus Valerius Martial amüsierte sich über einen Mann, der in öffentlichen Toiletten darauf wartete, zum Abendessen eingeladen zu werden.

Die Römer trugen lange wallende Gewänder, die schützten vor unzüchtigen Blicken. Unter den Sitzen verlief ein wasserführender Kanal, der die Exkremente wegspülte. Besonders hygienisch war die Angelegenheit trotzdem nicht, woran auch die für reiche Römer mit Mosaiken und Bildern ausgestatten »Örtchen« nicht viel änderten. Die Latrinen waren häufig der Ausgang von Infektionskrankheiten, woran der Gemeinschaftsschwamm (Xylospongium), ein Vorläufer der heutigen Toilettenbürste, einen erheblichen Anteil hatte. Vor den Sitzplätzen verlief ein zweiter wasserführender Kanal für die Reinigung mit dem Schwamm. Weit verbreitet war die Infektion durch den Fischbandwurm (Diphyllobothriasis) als Folge einer damals viel verwendeten Maggi-artigen Soße aus Fischabfällen.

Die fast hygienischen Verhältnisse der Römerzeit gingen allerdings in Vergessenheit. Im Mittelalter benutzte man einfach einen Nachttopf oder Eimer. War der voll, wurde er kurzerhand auf die Gasse geschüttet. Die Burgbewohner konnten ihr »Geschäft« in einer Nische der Burgmauer erledigen – und die Exkremente in die Tiefe des Burggrabens fallen lassen. So war es auch im berühmten Schloss zu Versailles bis ins

18. Jahrhundert. Um es einmal drastisch zu formulieren: Es galt sogar als schicklich, einfach auf den Boden zu scheißen. Man besaß schließlich reichlich Dienerschaft, die die herrschaftlichen Hinterlassenschaften entfernen musste. Da die Hofdamen Reifröcke trugen, aber zu der Zeit noch keine Unterwäsche, konnten sie ihr Geschäft sogar in Gesellschaft verrichten, ohne sich zu entblößen. Im Schloss und im riesigen Schlosspark muss es bestialisch gestunken haben!

Da waren der »Donnerbalken«, das »Plumpsklo« im Hof oder im Treppenhaus auf halber Etage und das Haus mit Herz schon deutliche Errungenschaften, die weiter über das WC (engl. watercloset) bis hin zur neuesten japanischen Entwicklung einer Duschtoilette samt Föhn, die selbst das Papier überflüssig macht, hinausgingen.

Soldaten nennen eine Falschmeldung Latrinenparole, etwas grober auch Scheißhausparole. Der Begriff wurde inzwischen in den allgemeinen Sprachgebrauch übernommen.

Ins Gras beißen

Die Redewendung ins Gras beißen ist eine Umschreibung für sterben, wie sie zum Beispiel in der Soldatensprache gebraucht wurde, um Rührung angesichts des Todes eines Kameraden gar nicht erst aufkommen zu lassen. Im Englischen sagt man »to bite the dust«, französisch heißt es »mordre la poussière«, was beides in den Staub beißen bedeutet. Aber die Redewendung ist deutlich älter. Schon bei Homer lesen wir in der »Ilias«:

Eh' ich vor Hektors Brust ringsher zerrissen den Panzer Mit eindringendem Erz, und viel um ihn der Genossen, Vorwärts liegend im Staub, mit Geknirsch in die Erde gebissen! Ähnlich klingt es in der »Aeneus« des Vergil: Oh, glückselig in seinem Bemühn und herrlichsten Geistes Preise vor allen ich den, der, solches Geschick nicht zu sehen, Stürzte für immer dahin und die Erde mit sterbendem Mund biss!

Oder ebenda: Ströme von Blut ausspeiend, entstürzt' er und beißt in den nassen Boden und wälzt sich sterbend herum auf der eigenen Wunde.

Das Gleichnis erscheint auch im Alten Testament, Jes 40: »Alles Sterbliche ist wie das Gras und all seine Schönheit ist wie die Blume auf dem Feld. Das Gras verdorrt, die Blume verwelkt, wenn der Atem des Herrn darüber weht. Wahrhaftig, Gras ist das Volk. Das Gras verdorrt, die Blume verwelkt, doch das Wort unseres Gottes bleibt in Ewigkeit.«

Im 13. Jahrhundert galt die Redensart noch harmlosen Gras fressenden Schafen. Erst im 17. Jahrhundert wurde damit auch sterben im Zusammenhang mit kämpferischer Auseinandersetzung umschrieben. Justus Georg Schottel nennt sie 1663 in seiner »Ausführlichen Arbeit von der teutschen Hauptsprache« eine »jedem bekante gebräuchliche Redart«.

Wilhelm Friedrich Adelung vermutet in seinem »Versuch eines vollständigen grammatisch-kritischen Wörterbuches der hochdeutschen Mundart« das Verb beißen bei dem mittelhochdeutschen baißen (vom Pferd absteigen).

In den »Wanderungen durch die Mark Brandenburg. Die Grafschaft Ruppin« zitiert Theodor Fontane den Offizier Goßler, der die Ereignisse der Schlacht bei Möckern am 16. Oktober 1813 schildert. Dort heißt es zum Nachgang der Schlacht am 17. Oktober: »Der alte Hünerbein ging mit uns auf dem nahegelegenen Schlachtfeldterrain umher und wendete mit dem Krückstock die schon ihrer Kleider beraubten Leichen von Freund und Feind um, wenn sie, wie gewöhnlich, auf dem Bauche lagen und mit ihren Zähnen ins Gras gebissen hatten.« Die Schilderung der auf dem Bauch liegenden Soldaten, vor allem der Zusatz »mit ihren Zähnen« entspricht der Redewendung ins Gras beißen, die sich als ein Zusammenbeißen der Zähne, zum Beispiel vor Schmerzen im Todeskampf, verstehen lässt.

Ebenfalls eine laxe Umschreibung für sterben beziehungsweise gestorben sein, lautet: das Gras von unten betrachten (neuer: die Radieschen von unten betrachten). Wer dem Tode nahe war, ging auf dem letzten Gras. Sebastian Franck schrieb: »Alles Volk lief zum Pischoff Jadduch, der var nun auch ein vast alt Man, ging auf dem lesten Gras.«

»Die ins Gras beißen« (Hell Is for Heroes) ist ein US-amerikanischer Kriegsfilm von Don Siegel aus dem Jahr 1962.

Hammelsprung

Die Vorstellung, dass Hammelsprung etwas mit den Abgeordneten des Bundestags zu tun haben könnte, hat etwas Erheiterndes an sich. Aber im Ernst: hat es tatsächlich. Es geht um ein spezielles Abstimmungsverfahren im Bundestag und auch in verschiedenen Landesparlamenten. Bei unklaren Stimmenverhältnissen verlassen die Abgeordneten den Plenarsaal, um dann entsprechend ihrer Entscheidung ihren Parteiführern folgend durch unterschiedliche Türen, die mit »Ja«, »Nein« und »Enthaltung« gekennzeichnet sind, zurückzukehren. Das ermöglicht dem Sitzungsvorstand eine exakte Zählung. Der Begriff Hammelsprung folgt der Beobachtung, dass Schafe einer Herde, wenn sie ein Hindernis überspringen, dies nacheinander tun. »Springt ein Hammel übern Bach, springen alle andern nach«, weiß das Sprichwort. Gezählt werden Schafe aber nicht nach einem solchen Verfahren. Sie sind schließlich kein Stimmvieh.

Dieses Verfahren geht auf eine Festlegung des deutschen Kaiserreichs von 1874 zurück, die zwar nie offiziell mit diesem Namen belegt wurde, aber in den allgemeinen

Sprachgebrauch übergegangen ist. Das Wort ist erstmals 1879 aufgenommen worden. Der Architekt des Reichstagsgebäudes, Paul Wallot, hatte zunächst nur zwei in den Plenarsaal führende Türen vorgesehen. Über der »Nein-Tür« prangte ein Bild von Rübezahl, über der »Ja-Tür« war der blinde Zyklop Polyphem abgebildet, der seinen Widdern über den Rücken streicht und sie zählt. An deren Bäuche klammerten sich Odysseus und seine Gefährten, um so verborgen dem Riesen zu entkommen, wie von Homer beschrieben:

Der grausame Wütrich
Saß von Schmerzen gefoltert, und tastete sorgsam die Rücken
Aller steigenden Widder und ahnete nicht in der Dummheit,
Daß ich sie unter die Brust der wollichten Böcke gebunden.

Das Verfahren ist nicht neu. Im alten Rom kannte man im concilium plebis, der Volksversammlung, ein ähnliches Prozedere. Auf zwei unterschiedlichen Brücken konnten die Volksmassen in einem Abstimmungsverfahren gezählt werden. Ein ähnliches Verfahren zur Ermittlung eines exakten Abstimmungsverhaltens kennt man im britischen House of Lords unter der Bezeichnung division of the assembly / of the house.

Ob die Herleitung wie beschrieben korrekt ist, wird allerdings in »Der Sprachdienst«, Heft 1/2010 (Woher stammt der »Hammelsprung«?) angezweifelt. Das Wort ist nachweislich älter. In Pierers Universallexikon von 1859 steht: »Hammelsprung, lebhafter Sprung eines Pferdes, indem es sich mit allen vier Füßen gerade aufschnellt und auf die vorige Stelle wieder niederfällt.« Gemeint ist die Art, wie Hammel springen (Bocksprung), ein Luftsprung gleichsam, der aus Übermut geschieht.

Landläufig gilt die Erklärung des Begriffes nach erster Lesart. Das System einer solchen Abstimmung ist nachvollziehbar beschrieben. Für diese und viele anderen Redensarten gilt, dass die Ursprünge unterschiedlich interpretiert werden, ihre heutige Verwendung aber zu einem festen Begriff geworden ist.

Henkersmahlzeit

Eine Henkersmahlzeit ist nicht das, was die Ehefrau dem Henker als Mittagsessen vorsetzt, sondern das Letzte, was der Henker dem Delinquenten auf dessen letzten

Wunsch zubereiten lässt und kredenzt. Schon im alten Ägypten kannte man den Brauch, einem zum Tode Verurteilten die Gunst zu gewähren, Speisen vom Tisch des Pharaos kosten zu dürfen, was einer Bestätigung des Todesurteils gleichzusetzen war. Scherzhafte spricht man von jedem Abschiedsessen als von einer Henkersmahlzeit, wie man auch im Niederländischen iemands galgemaal sagt.

Die Bezeichnung Henckermol lässt sich bereits 1575 bei Johann Fischart nachweisen. Vielerorts wurde diese Begünstigung bis hin zur letzten sexuellen Befriedigung gewährt. Und nicht nur das gewünschte Essen, auch das letzte Wort, eine festliche Kleidung oder eine fast wohnlich ausgestattete Zelle zählten zu den letzten Vergünstigungen. »Ich will erst meine Henkersmahlzeit halten, ehe ich mich aufs Armesünderstühlchen setze«, lesen wir in Heinrich Heines »Vertraute Briefe« an August Lewald aus dem Jahre 1837.

In aller Regel wurden in christlichen Ländern die Hinrichtungen in den frühen Morgenstunden ausgeführt, deshalb wurde die letzte Mahlzeit am Abend serviert. Hintergrund solchen Verfahrens dürfte die Vorstellung gewesen sein, den Verurteilten gnädig zu stimmen, damit er nicht später als Racheengel seinen Richter verfolgt. Der Kriminologe Hans von Hentig vermutet eine Analogie zur Fütterung von Opfertieren und sieht darin den Versuch, Rechtsfrieden zwischen Hinzurichtendem und Vollstrecker der Todesstrafe herzustellen. »Wer immer das Henkersmahl annimmt, schließt stillschweigend Urfehde mit denen ab, die Schuld an seinem Tode tragen.«

In einigen Ländern, in denen noch heute die Todesstrafe vollzogen wird, erhalten die Verurteilten vor ihrer Hinrichtung eine letzte Mahlzeit nach ihrem Wunsch. In den USA gewähren die Behörden das Happy Meal allerdings nicht mehr. Der Grund: Der Straftäter James Byrd hatte Cheesburger, Pizza, Fajitas, Grillfleisch und Bier kommen lassen, aber nichts davon angerührt. Darum entschied der Chef der Strafbehörde, diese letzte Begünstigung zu streichen, schließlich habe das Opfer auch kein letztes Abschiedsessen einnehmen können, lautete die nachvollziehbare lapidare Begründung.

Die amerikanische Fotografin Jackie Black hat in ihrer Fotoserie »Last Meals« die Essenswünschen von zum Tode Verurteilten vor der Hinrichtung nachgestellt. Zu sehen sind die Henkersmahlzeiten von 23 Menschen, die zwischen 1984 und 2001 in Texas in der Todeszelle einsaßen. Darunter ist das klassische Burger-Menü mit Pommes, aber auch eine einfache Schüssel Cornflakes. Einer wünschte sich kurz vor dem Ende noch einmal seine Lieblingssüßigkeit essen zu dürfen, ein anderer verzichtete ganz auf das letzte Gericht.

Hinz und Kunz

Wer ist Hinz und wer ist Kunz? Allerweltsleute. Krethi und Plethi. Mehr niemand als jemand. So wie die weibliche Variante Lieschen Müller.

Heinrich und Konrad (mhd. Kúonrât, ahd. Chuonrât) waren häufige Herrschernamen, weshalb die Untertanen ihren Söhnen aus Verehrung oder Devotheit diese Namen gaben. Hinz ist die Verkürzung zu Heinrich und Kunz die für Konrad. Weil viele Männer diesen Namen trugen, wurde der bereits im 13. Jahrhundert zu einem Allerweltsnamen und fand spätestens im 15. Jahrhundert Eingang in die Alltagssprache. Bei Johann Fischart heißt es in »Praktik« (1572): »Es sey Heintz oder Bentz« (Bentz als Verkürzung von Benedikt). Die Häufigkeit der Namensgebung artete zu einer Inflation aus. Vom herrschaftlichen Klang der Fürsten- und Königsnamen blieb nicht mehr viel übrig. (In der Seefahrt sagte man Janmaat.)

In dieser Bedeutung wird das Begriffspaar bis heute noch spöttisch gebraucht. Die Bezeichnung fand auch Eingang in die Literatur. Matthias Claudius lässt zwei Bauern miteinander streiten: Was meinst du, wie groß die Sonne sei? Wie groß, Hinz, als ein Straußenei. Oder wie Goethe dichtete: … denn Hinz und Kunz, an ihren Stellen, glaubten doch auch was vorzustellen.

Das Doppelpaar Hinz und Kunz finden wir auch in Heinrich von Kleists Novelle »Michael Kohlhaas« und im Grimmschen Märchen vom Rumpelstilzchen (»Heißest du Kunz?« – »Nein.« – »Heißest du Heinz?« – »Nein.«)

Goethe findet im »Westöstlichen Divan« Parallelen zu Seidon und Amran. Krethi und Plethi werden im Alten Testament (2. Buch Samuel) die aus Ausländern bestehende Streitmacht des Königs David genannt, dessen Leibwache sie bildeten.

Ähnliche Namenspaarungen sind zum Beispiel: Dick und Doof, Hans und Franz, Hein und Fietje (Hamburg), Tünnes und Schäl (Köln), Pat und Patachon. Auch in anderen Sprachen gibt es entsprechende Wendungen, zum Beispiel: Tom, Dick and Harry im Englischen; Fulano, Zutano y Mengano im Spanischen; Pierre, Paul ou Jacques im Französischen; Jan en alleman im Niederländischen.

Holla, die Waldfee

Die Redewendung »Holla, die Waldfee!« drückt Erstaunen aus, Überraschung oder hohes Lob. Auch hierzu finden sich in der Literatur unterschiedliche Erklärungen. Klingt ein ironischer Unterton mit, bedeutet das einen leisen Zweifel an der Wahrhaftigkeit.

Vielleicht geht die Wendung auf den Holunder zurück, in einigen Gegenden Deutschlands und Österreichs auch Hollerbusch genannt. Dessen Früchte sind sehr gesund und helfen zum Beispiel gegen Erkältung. Nach Vorstellung der Altvorderen hatte das mit der Kraft der in den Beeren wirkenden Feen zu tun. Schon im alten Griechenland wurden gute Geister in dem Gewächs vermutet. Bauern erkannten in den Blüten des Busches, wie die nächste Ernte ausgehen würde.

Das englische Verb to holler bedeutet zurufen im Sinne einer Begrüßung (Hallo!). Und ebenfalls englisch steht holly für heilig.

Nicht erst seit den Brüdern Grimm kennen wir Frau Holle. Eine Waldfee Holle sorgte im Frühjahr für das Wiedererwachen der Natur. Oder die Redewendung geht zurück auf die nordische Göttin Freie, deren Beiname Hulla, die Liebevolle lautete.

Nach einer weiteren Lesart könnte die Redewendung auf »Husch, husch, die Waldfee« zurückzuführen sein, in der Bedeutung, dass man sich beeilen müsse. In dem Theaterstück »Philippine Welser« (1859) von Oskar von Redwitz gab es ein Versteckspiel, in dem diese Wendung gebraucht wird.

Auf Holz klopfen

Um eine Aussage zu bekräftigen, muss man drei Mal auf Holz klopfen. Auch für diesen Brauch gibt es unterschiedliche Erklärungen. Favorisiert wird die Legende, wonach die heilige Helena, heute als Schutzherrin von Schatzsuchern, Färbern und Bergleuten verehrt, während ihrer Reise in das Heilige Land das Kreuz Jesu durch Klopfen auf herumliegendes Holz entdeckt. Die Kirche verkaufte im Mittelalter kleine Holzstückchen, von denen behauptet wurde, sie stammten vom Kreuz Christi.

Um in der Christmette alle Hexen des Kirchspiels zu erkennen, galt lange der Brauch, Stühlchen aus neunerlei Holz zu verwenden.

Nach einer anderen Lesart sollten Seeleute, bevor sie auf einem neuen Schiff anheuerten, drei Mal auf das Holz des Mastfußes geklopft haben, um sicher zu sein, dass der Kahn auch wirklich seetüchtig ist. Bergarbeiter überprüfen noch heute die Qualität des Stützholzes durch Abklopfen, bevor sie es unter Tage einbauen. Erklingt ein heller

Ton, ist das ein Zeichen für trockenes, gesundes Holz. Ein dumpfer Ton signalisiert dagegen, dass es sich um weniger wertvolles Material handelt.
Oder es war eine häufig geübte Methode, durch das Klopfen auf Holz böse Geister zu vertreiben, um Unheil oder Krankheit zu bannen. Und wer seinen gesundheitlichen oder geistigen Zustand für gut befand und sich lobend dazu äußerte, klopfte dabei mehrfach auf Holz, damit die Dämonen sein Eigenlob nicht hören konnten. Scherzkekse klopfen sich drei Mal gegen den (Holz-)Kopf, um ihre Intelligenz zu betonen.

Nach abergläubischen Vorstellungen soll das Klopfen gegen Bäume, in denen nach heidnischer Vorstellung gute Geister leben, die Bitte um Wohlgesonnenheit ausdrücken. Berührte man einen Baum, vermochte man böse Geister und Dämonen abzuhalten. Das Christentum nahm diese heidnische Vorstellung auf und deutete sie um. Dreimaliges Klopfen auf das hölzerne Kreuz Christi sollte Gott gütig stimmen.

Im Mittelalter galt das Klopfen auf die hölzernen Schilde bei Gerichtsversammlungen als Zustimmung.

In einer Auktion wird zum Abschluss der Versteigerung mit einem hölzernen Hammer auf den Auktionstisch geklopft (zum Ersten, zum Zweiten, zum Dritten).

Nach bisher nicht abgeschlossenen Forschungen kann das Klopfen der Studenten auf die hölzernen Tische während der Vorlesungen eine Beifallsbekundung gewesen sein. Wer die Vorlesung mitschreibt, hat nur eine Hand frei zum Applaudieren. Dagegen galt bis ins 19. Jahrhundert hinein das Auspfeifen des vortragenden Professors als deutliche Missfallensäußerung.

Der Brauch, drei Mal auf Holz zu klopfen, um Glück zu wünschen oder Unglück abzuwenden ist auch in anderen Ländern verbreitet. In England sagt man dazu knock in gonwood, in Spanien to carma dera, in Finnland heißt es koputtaa puutaa.

Mit der Umschreibung, dass eine Frau reichlich Holz vor der Hütte hat, ist ihr stattlicher Busen gemeint in Anlehnung an das vor dem Haus aufgestapelte Brennholz als Wintervorrat für den heimischen Ofen.

Am Hungertuch nagen

Wer am Hungertuch nagen muss, ist wirklich arm dran, denn der hat kaum etwas zum Beißen. Aber an welchem Tuch soll man nagen, wenn man sonst nichts hat, um seinen Hunger zu stillen? Da muss man schon arm sein wie eine Kirchenmaus, denn dort, wo die lebt, fällt kaum ein essbarer Krümel auf den Boden.

Zur Fastenzeit wurde schon im 16. Jahrhundert der Altar in der Kirche mit einem Tuch abgedeckt, dem sogenannten Fastentuch, um die Gläubigen zu erinnern und sie zu ermahnen, sich zu ihren Sünden zu bekennen. Diese Fastentücher (auch Fastenvelum, Hungertuch, Palmtuch, Passionstuch, Schmachtlappen) wurden am Aschermittwoch ursprünglich im Chorraum aufgehängt und erst am Karsamstag wieder entfernt, ein Brauch, der schon um das Jahr 1000 geübt wurde. Die Tücher zeigten Bildmotive aus dem Alten und Neuen Testament und sind als »Armenbibel« für die meist des Lesens unkundigen Gemeindemitglieder zu verstehen. Das Tuch soll an den Tempelvorhang erinnern, der in der Leidensgeschichte erwähnt wird und der im Augenblick des Todes Jesu »von oben bis unten« zerriss.

Das Grimmsche Wörterbuch erklärt: »da (in den fasten) verhüllet man die altar und heiligen mit tuch, und läszt ein hungertuch herab, das die sündigen leuth die götzen nicht ansehen, noch die heiligen bilder die sünder.« Wenn am Mittwoch der Karwoche das Wort Gottes aus der Passion verkündet wurde, erklang die lateinische Formel ›Velum templi scissum est, et omnis terra tremuit: latro de cruce clamabat, dicens: memento mei, Domine, dum veneris in regnum tuum.‹ (Der Vorhang des Tempels zerriss und die ganze Erde erbebte. Der Verbrecher am Kreuz schrie, er sagte: Gedenke meiner, Herr, wenn du in dein Reich kommst!)

Die meist von adligen Damen und Nonnen kunstvoll bestickten Tücher haben es durchaus zu einer gewissen Berühmtheit gebracht, wie beispielsweise das aus dem Dom zu Gurk (Kärnten). Das größte erhaltene Hungertuch aus dem Jahre 1612 befindet

sich im Freiburger Dom. Die Redewendung hieß bei Hans Sachst: dein eigen weib und kind knecht, meid und alles hausgesind, das musz am hungertuche näjen.

Das Wort näjen ist zu nagen verdreht worden. Das Tuch wurde aus mehreren Teilen zusammengenäht. In der »Augsburger Germania« steht über die Fastenzeit: »Darin eszen sie 40 tag kein fleisch, auch nit milch, kesz, ayr, schmalz, dann vom remischen stuel erkauft. Da verhüllt man die altar und hayligen mit einem tuech und last ein hungertuech herab, dasz die syndige leut die götz nit ansehn.«

In den Predigten des Johann Geiler von Kaysersberg über das »Narrenschiff« heißt es: »Dich soll lehren das Hungertuch, so man aufspannt, Abstinenz und Fasten!«

Aus nähen wurde nagen, weil sich damit eher ein Zusammenhang bilden ließ, zumal es sich um die Fastenzeit handelte, in der man traditionell wenig Nahrung zu sich nahm und vermutlich manchmal Hunger verspürt hat. Die Redewendung verselbständigte sich nach der Reformation und wurde zu einer allgemein gültigen Floskel für darben, nichts zu essen haben. Ferdinand von Freiligrath dichtete 1844 in »Aus dem Schlesischen Gebirge«: Dann tret ich froh ins kleine Zimmer Und riefe: Vater, Geld genug! Dann flucht' er nicht, dann sagt' er nimmer: Ich web' euch nur ein Hungertuch.

Das Hungertuch ist ein zentraler Bestandteil der Misereor-Fastenaktion. Misereor hat 1976 die Tradition der Hungertücher wieder aufgegriffen. Allerdings ist seit der Reformation vor allem in den evangelischen Teilen Deutschlands die eigentliche Bedeutung verlorengegangen. Erhalten blieb die Redewendung, um Zeiten der Armut zu beschreiben.

Das Kulturdezernat der Stadt Frankfurt a. M. stiftete 1976 einen Hungertuch-Preis »für einen unbekannten Autor« im deutschen Sprachraum. Der Preis wurde später bis in die 1980er Jahre vom Hessischen Literaturbüro ausgelobt. Er war als Gegenstück zur Frankfurter Buchmesse gedacht.

Kaiserschnitt

Wenn der Geburtsvorgang mit Komplikationen verbunden ist, muss das Kind per Kaiserschnitt (auch Schnittendbindung) geholt werden. Das ist ein operativer Eingriff, bei dem das Kind durch einen Querschnitt im Unterbauch der Schwangeren und durch die Gebärmutter auf die Welt gebracht wird. Mit einem Kaiser hat das nichts zu tun. Der Irrtum beginnt mit der falschen Schreibweise: sectio caesarea statt caedere (in der Bedeutung »herausschneiden«).

Der römische Schriftsteller Plinius der Ältere leitete in den »Naturalis historia« den Namen Caesar von caedere ab, wonach der erste römische Kaiser aus dem Leib seiner Mutter geschnitten worden sei. Damit beginnt die Legendenbildung, die Cäsar als quasi göttlich geboren darstellen will. Dafür gibt es allerdings keine Beweise und eine solche Operation hätte bei den damaligen medizinischen Kenntnissen den wahrscheinlichen Tod der Gebärenden bedeutet. Cäsars Mutter lebte nach der Geburt ihres Sohnes noch etwa 50 Jahre. Der operative Eingriff, um das Kind aus dem Leib der Mutter zu retten, war allerdings schon 500 Jahre früher bekannt.

Der Irrtum setzte sich durch und wurde bei Johannes Melber (1482) manifest: »Cesar keiser, sic dictus, quod ex ventre matris cesus« (Cäsar, Kaiser, so genannt, da er aus dem Bauch der Mutter geschnitten). Aus dem lateinischen cesar wurde das deutsche Wort Kaiser: Kaiserschnitt. Im englischen und französischen Sprachraum heißt der Eingriff noch heute Caesare ansection beziehungsweise césarienne.

Schnittentbindungen konnten bereits in frühgeschichtlicher Zeit praktiziert werden, erklärt wikipedia. »Aus schriftlichen Quellen geht hervor, dass diese Methode seit der Antike in der indischen und jüdischen Kultur praktiziert worden sein soll. Aber weder Soranos von Ephesos noch Galen oder Mustio verzeichnen diese Methode in ihren Lehrbüchern.«

Vermutlich war es der Schweizer Arzt Jacob Nufer (15./16. Jahrhundert), der um 1500 den Eingriff bei seiner Frau gewagt und erfolgreich abgeschlossen haben soll, um sie von den über Tage andauernden schmerzhaften Wehen zu erlösen. Ihm kamen die Erfahrungen als Schweinekastrator zugute. Als solcher hatte er häufig Schweine aus den Bäuchen trächtiger Säue geholt. Dennoch blieb diese Methode mit vielen Unwägbarkeiten verbunden und die Operationen endeten bis ins 19. Jahrhundert selten erfolgreich.

Nach römischem Gesetz musste einer verstorbenen Schwangeren der Leib geöffnet werden, um das Kind zu retten. Als entschiedener Gegner des Kaiserschnitts erwies sich die Kirche, nach deren Überzeugung eine Frau unter Schmerzen gebären solle (1. Moses, 3,16: »Und zum Weibe sprach er: Ich will dir viel Schmerzen schaffen, wenn du schwanger wirst; du sollst mit Schmerzen Kinder gebären, und dein Verlangen soll nach deinem Mann sein, und er soll dein Herr sein.«)

Während dieser operative Eingriff früher aus medizinischen Gründen vorgenommen wurde, wird inzwischen fast jedes dritte Kind (30,9 % der Entbindungen, 1991 waren es noch 15,3 %) in Deutschland per Kaiserschnitt geholt, obwohl dafür keine Notwendigkeit vorliegt. Die Gründe dafür sind vielfältig und durchaus nachvollziehbar, aber häufig geht es der werdenden Mutter eher um ihre »körperliche Unversehrtheit« als um die Abwendung einer möglicherweise komplizierten Geburt.

Unter aller Kanone

Wenn etwas schlecht verlaufen oder missraten ist, sagt man, das sei unter aller Kanone. Es ist wertlos. Um es etwas derber auszusprechen: unter aller Sau. Hat da jemand komplett danebengeschossen? Wollte da sogar einer mit Kanonen auf Spatzen schießen? Natürlich nicht. Da muss man schon etwas tiefer blicken, um herauszufinden, dass die Redewendung mit dem Geschütz gar nichts zu tun hat.

Ursprünglich handelte es sich nicht um eine Kanone, sondern um den Kanon im Sinne von Maßstab. Das Wort Kanon ist hebräischen Ursprungs und bezeichnet ein Schilfrohr, das als Messrute oder Waagebalken diente. (Prophet Ezechiel, 40,5: »Der Mann hatte die Messrute in der Hand.«) In dieser Bedeutung ist auch das altgriechische Wort kanon zu übersetzen.

Was der geforderten schulischen Leistung nicht entsprach, war mäßig, sehr schlecht (sub omni canone = unter aller Erfordernis). Ein sächsischer Lehrer hat an die obere Schulbehörde geschrieben: »...leider liegen die Arbeiten der meisten Schüler sub omni canone.« Diese Beurteilung übersetzten sächsische Schüler im 19. Jahrhundert spöttisch mit unter aller Kanone. Eine weitere Verdrehung erfährt die Redewendung in Gerhard Hauptmanns »Rose Bernd«: Unter aller Kanallje.

Einen Zusammenhang zu dem Kriegsgerät (italienisch canna = Rohr) als äußerst wirksame Waffe gibt es zu dem Begriff Sportskanone. Und wer einen besonders unverhältnismäßigen Aufwand betreibt, der schießt mit Kanonen auf Spatzen. Kommt einer volltrunken aus der Kneipe, dann ist er besoffen wie eine Kanone, er hat also schwer geladen.

Der Begriff Kanonenfutter für sinnlos geopferte Soldaten findet sich bereits in Shakespeares »König Heinrich IV.«. Falstaff: »food for powder.«

Seine Verzweiflung drückt man mit dem Ruf »Ach, du heiliges Kanonenrohr!« aus, wobei Kanonenrohr möglicherweise anstelle eines Heiligennamens gebraucht wird, den man nicht ungestraft aussprechen will (siehe dazu das 2. Gebot). Es kann sich aber auch um das Segnen der Waffen durch die katholische Kirche handeln, wie es seit dem 10. Jahrhundert mit den Worten benedicto amorum praktiziert wurde.

Mit Kind und Kegel

Unter Kegel (auch Konus) versteht man zunächst eine nach oben spitz zulaufende (Holz)figur mit rundem Boden. Wer mit Kind und Kegel unterwegs ist, will nicht unbedingt zum Bowling, sondern hat sich mit der gesamten Familie auf den Weg gemacht, um sich zu erholen oder zu verreisen. Mit Kind und Kegel ist eine Paarformel, genauer ein Hendiadyoin (griechisch: hen dia doyn für eins durch zwei) und bezeichnet eine Stilfigur, die einen komplexen Begriff mit gleichem Anlaut beschreibt, die in der Regel durch »und« verbunden werden.

Mit Kegel wurden bereits im 13. Jahrhundert als kindes kegel uneheliche Kinder bezeichnet. Mit dem frühmittelalterlichen Wort kekel brachte man in der Verbindung (Kebsehe) von Freien mit Leibeigenen gezeugte Kinder. Diese Kinder besaßen deutlich weniger Rechte als ehelich geborene. Das Althochdeutsche kegil bedeutete Pflock /

Knüppel und wurde im Mittelalter auch abwertend auf uneheliche Kinder angewendet. Im Elsass nennte man noch heute einen Taugenichts fauler Kegel.

Ähnlich wie Kegel in der ursprünglichen Bedeutung wurde mit Bengel nicht ein frecher Junge gemeint, sondern ein Stock oder Knüppel. Kegel wurde landschaftlich auch für Eiszapfen gebraucht. In dem altschwäbischen Schwank »Modus Libinc« behauptet eine Frau, sie habe während der Abwesenheit ihres Mannes Schnee gegessen und sei davon schwanger geworden, womit durch Umdeutung aus Eiszapfen Bastard wurde.

Das Grimmsche Wörterbuch schreibt: »diesz zeugnis reicht übrigens wol ins 13. jh. zurück. Doch auch hier erscheint es nicht mehr selbstständig, sondern schon in der verbindung mit kind; diese verbindung, meist ‚kind und kegel', ist eine jener formeln, in denen ein sonst erstorbenes wort sich noch lange mit fortschleppt, und diese gerade, die noch heute lebendig ist, wird mit ihrem stabreim bis in die zeit der ältesten alliterierenden dichtung zurückreichen.«

Eine Strophe aus der Lutherzeit lautet: Nun hört, ir herren, alle gemain, Payde grosse und auch klain, alt, jung, kegel und kind, Alle, die hye gesamlet sind.

Die Rechte eines Kegels waren gegenüber den ehelich geborenen Kindern – darunter zählten auch Waisen – beschränkt, zum Beispiel bei der Berufswahl oder in der Erbfolge. Das betraf aber im frühen Mittelalter nicht die Kinder des Adels. Damals waren die Kinder von »Muntfrauen« – also Frauen einer offiziell geschlossenen Ehe –, und die von »Friedelfrauen« – so bezeichnete man Liebesverbindung ohne Trauschein – noch gleichgestellt.

Das Wort Kegel benutzen wir heute nur noch als hölzerne Spielfigur beim Kegelspiel oder als geometrische Figur. In Thüringen hat sich das Wort als Keeschel erhalten, womit man ein ungezogenes Kind meint.

Mit Kegel wird auch Wickelkind in Verbindung gebracht. Dafür stand wohl das Bild eines gewickelten und verschnürten Kleinkindes Pate, das einem Kegel ähnlich sah. In der Vorstellung der Altvorderen wird Kegel mit dem fruchtbringenden

Donnergott in Verbindung gebracht. Die Ähnlichkeit der männlichen Geschlechtsteile »mit Kugeln und dem Donnerkeil des heidnischen Gottes als Teufelskegel« in Verbindung mit dem grollenden, rollenden Donnern erzeugte die Vorstellung eines Kegel spielenden Teufels, der mit seinem eigenen Kopf in der Hand spielt, erklärt »Das Große Handbuch des Aberglaubens«. Die Folge war, Kindern im 17. Jahrhundert das Spielen auf Friedhöfen zu verbieten. Der Verlierer war übrigens nicht selbst schuld an seinem Versagen, sondern die »heulenden Hunde, der eingekniffene rechte Daumen eines anderen oder das Kreuzezeichen.«

In einem anderen Zusammenhang wird Kind symbolisch gebraucht, zum Beispiel mit den Worten »da wird das Kind mit dem Bade ausgeschüttet.« Gemeint ist eine überhastete, unbedachte Entscheidung mit der Vorstellung, dass vergessen wurde, das Kind aus der Wanne zu nehmen, bevor das Wasser ausgeschüttet wurde.

Um etwas ohne Beschönigung zu charakterisieren, musste man das Kind beim rechten Namen nennen. Diese Wendung kennt man auch aus anderen Sprachen. Die Italiener sagen chiamara la gatta gatta (die Katze Katze nennen). Die Franzosen kennen die Wendung gleicher Bedeutung unter appeller un chat en chat.

Das uneheliche Kind war früher eine Schande für die Mutter, was auch auf das Kind selbst übertragen wurde, das man nicht unbedingt beim rechten Namen nennen wollte. Manche Frau versuchte ihren »Fehltritt« zu verhüllen, indem sie ihr Kind als Neffen oder Nichte vorstellte. In Goethes »Faust« heißt es: »Wer darf das Kind beim rechten Namen nennen?« Goethe war es übrigens, der in drei Fällen die Todesstrafe für Kindsmörderinnen gegen die moderatere Haltung seines Herzogs Carl August durchsetzte. Er hielt es für »räthlicher [...] die Todtesstrafe beyzubehalten.«

Schon 1643 fragt Johann Michael Moscherosch: »Nimmermehr aber kann etwas Redliches sein, wo man so hinder dem Berge haldet, wenn man Brei im Mund hat und dem Kind nicht will den rechten Namen geben.«

Kohldampf schieben

Der derbe Ausdruck Kohldampf haben meint Hunger haben. Aber ursprünglich hat das Wort Kohldampf nichts mit dem Gemüse zu tun und auch nichts mit Dampf. Es ist aus dem Rotwelsch übernommen worden, einer mittelalterlichen Gaunersprache, in der Kohler ebenso wie Dampf Hunger bedeutete, also Hunger-Hunger, eine Tautologie (Wortdoppelung), um besonders heftigen Hunger auszudrücken. Das Wort Kolldampf erscheint zum ersten Mal im Jahre 1835. Die Vermutung, das Wort Hunger sei vom Russischen Golod abgeleitet, ist aber erwiesenermaßen falsch. Falsch ist auch die Ableitung von Cholera. Und schieben hat in diesem Zusammenhang auch nichts mit der Bedeutung des uns geläufigen Wortes zu tun. Es kommt gleichfalls aus der Gaunersprache und lautete in der ursprünglichen Schreibweise schefften, worunter »Waren an andere Besitzer bringen« zu verstehen war, zum Beispiel gestohlene Gegenstände auf dem Schwarzmarkt gewinnbringend zu veräußern. Schefften wurde aus dem hebräischen Wort jaschab abgeleitet und bedeutet machen, tun, sein. In dieser Bedeutung ist das Wort seit dem Ersten Weltkrieg im Umlauf. Vorher verstand man in der Börsen- und Kaufmannssprache, Wechsel oder Hypotheken auf unlautere Weise, nämlich durch Schieber in andere Hände zu bringen. Im 17. Jahrhundert verstand man unter einem Schieber einen Studenten, der sich während eines Semesters heimlich nach Hause absetzte.

Die Redewendung Kohldampf schieben in der Bedeutung »Hunger haben« ist im 19. Jahrhundert über die Soldatensprache in Umlauf gekommen. Wir finden sie aber auch in der deutschen Übersetzung von Gustav Meyrink schon bei Charles Dickens in »Oliver Twist«: »Doch du schiebst Kohldampf und musst was zwischen die Zähne kriegen.«

Einen Korb bekommen

Wer redensartlich einen Korb bekommt, ist mit seinen Avancen bei einer Frau abgeblitzt. Im Mittelalter war es Brauch, dass ein Liebhaber mittels eines aus der Burg herabgelassenen Korbes nach oben gezogen wurde und schließlich von anderen unbemerkt im Bett der Angebeteten landete. Das ist die positive Variante. Es konnte aber durchaus sein, dass das Burgfräulein, vielleicht assistiert von ihrer Zofe, einen präparierten Korb abseilte, aus dem der unerwünschte Galan kurz vor dem Ziel stürzte, weil der Boden nachgab. Oder man ließ den liebestollen Ritter auf halber Höhe hängen (daher: jemanden hängen lassen im Sinne von seinen Wunsch nicht erfüllen) und gab ihm so dem Spott der Untenstehenden preis. Daher kommt auch die Redewendung von der bodenlosen Gemeinheit ebenso, wie das Wort durchfallen (zum Beispiel in einer Prüfung).

Das Motiv findet sich in zahlreichen Liedern und Geschichten des Mittelalters bis in die Gegenwart wieder. Die Umschwärmte verspricht dem Liebeshungrigen, ihn zu sich heraufzuziehen. Hans Sachs dichtete:

Doch wenn er meint am festen steh Nehmt sie ein ander zu der Eh
Als denn so ist er vor in allen
Gantz spotweis durch den Korb gefallen.

In dem Lied »Der Schreiber im Korbe« (16. Jahrhundert) wird dem werbenden Schreiber Liebesgenuss versprochen, wenn er sich in einen Korb setze, um in die Höhe gezogen zu werden:

Der Schreiber wolt gen Himmel farn, da hat er weder Ross noch wagen;
sie zug in auf piss an das tach [in] des teufls nam fiel er wieder rab.

Meyers Konversationslexikon erklärt die Redewendung mit der früher üblichen Sitte der Mädchen, ihre verneinende Antwort in Form eines Korbes zu erteilen. Die Redensart ist wahrscheinlich aus der Rücksendung des Corbeille de mariage (Brautgeschenk) an den Bräutigam entstanden, das der Bräutigam nach französischer Sitte als verzierten Korb mit entsprechendem Inhalt überreicht hatte.

Das Grimmsche Wörterbuch findet eine weitere Lesart: »für ‚den korb geben', gekörbet werden, den korb bekommen; [...] auf der Eifel wird das körben als eine volksmäszige ehrenstrafe vollzogen an dem, der nicht seine geliebte, sondern ein andres mädchen heiratet; man nimmt einen korb, dem der bodenen etnommen ist, und die burschen ziehen das mädchen, die mädchen den jungen mann, dem sein brautstück entgangen ist, durch denselben, indem sie ihm den korb über den kopf stecken.«
In einem mittelalterlichen Schwank wird geschildert, wie die Tochter des Kaisers einen Liebhaber dem öffentlichen Spott preisgibt, indem sie ihn auf halbe Höhe heraufzog, um ihn dann bis zum nächsten Morgen hängen zu lassen. Thomas Murner nimmt diesen groben Scherz in seiner Satire »Geuchmatt« (Narrenwiese) über alle Narren der Liebe auf, variiert ihn und schildert, wie die wybischen mannen verführt werden.

Studenten gebrauchten das Bild, wenn jemand durchs Examen fiel (lat. corbis = Korb). In der »Historie vom reichen Mann und armen Lazarus« von Johannes Krüginger steht:
Da ich nun meint zu promovirn, Setzt mich in Korb, ließ mir hoffieren,
Platsch, fiel ich durch den Korb hinweg Und lag hinieden in dem Dreck.

Mit dem Korb sind zahlreiche andere Bräuche beschrieben. Begab sich zum Beispiel in Westfalen jemand auf Brautwerbung, kündigte er seine Absicht rechtzeitig dem zukünftigen Brautvater an. Wollte der diesen Schwiegersohn nicht haben, befestigte er einen Korb am Hauseingang und signalisierte damit seine Ablehnung.

Die »Illustrierten Zeitung« (Nr. 903, S. 266) unterscheidet in Körbe mit einem Henkel, wenn die Angebetete will und die Eltern nicht wollen; zwei Henkel, wenn die Eltern wollen und sie nicht will; dreihenklig schließlich: die Eltern wollen nicht und sie auch nicht.

In niederdeutschen Gegenden kennt man den Korbtanz. Ein tanzwilliges Mädchen sitzt mit einem Korb im Schoß auf einem Stuhl. Unter den Bewerbern sucht sie den ihr genehmsten aus und tanzt mit ihm. Der Abgewiesene muss mit dem Korb vorliebnehmen.

Im Laufe der Jahre verlor sich der Brauch, aber die Redewendung blieb. So kannte man zum Beispiel den Korbpranger. Ein Bäcker, der zu kleine Brötchen buk, wurde in einen Korb gesetzt und ins Wasser versenkt.

Ganz andere Bedeutung hat die Redewendung durch den Korb springen, die aus dem Herzogtum Sachsen-Altenburg überliefert ist. Ähnliches ist aus der Schweiz bekannt. Dort wurde ein Betrüger zur Strafe in einen Korb gesetzt. In Aegidius Tschudis »Chronicon Helveticum« steht: »In einen solchen Korb setzte man Leute, die andere betrogen hatten und gab ihnen weder zu Essen noch zu Trinken. Der Pfister Wackerbold wurde um 1280 dieses Vergehens bezichtigt und in der Stadt Zürich in die Schnelle gesetzt, was ein Korb war, der emporgezogen wurde und unter dem sich eine ‚unsubre wüste Wasser-Pfütze' befand. Sprang oder fiel er dort heraus, sah ein jeder an seiner verschmutzten Kleidung, dass er ‚beschissen' hatte.« Aus Rache für den Spott der umstehenden Leute soll Wackerbold daraufhin die Stadt angezündet und verlassen haben. Und weiter heißt es: Als Strafe wurden Menschen in einen oft bodenlosen Korb gesetzt und über einen Fluss gehängt, so dass sie ins Wasser springen mussten, um sich zu befreien, »[...] mit einem korb, in den man einen setzt, dem man gnad bewisen und dennoch strafen wolt. denselben liesz man wie an den galtbrunnen (ziehbrunnen) aufschnellen in einem korb [...] dann muszt einer in das wasser abhin springen, wolt er anders aus dem korb kommen. [...] anderwärts war der korb mit durchfallendem boden oder bodenlos eingerichtet [...] soll ein gartenfrevler entweder mit durchfallung des korbs oder mit der verweisung belegt (werden).«

Korb oder Körbchen ist auch ein Synonym für Bett. Von da ist es nicht weit zur Korbbiene, eine abfällige Umschreibung für eine Prostituierte.

Kurve kratzen

Die Aufforderung ›Kratz die Kurve!‹ ist der unmissverständliche Befehl, schleunigst zu verschwinden. Welche Kurve ist gemeint und wie kann man eine Kurve kratzen? In der Mathematik wäre das eine Tangente, die einen Kreis berührt.

Der Ausdruck stammt aus dem Mittelalter. Die Gassen waren oft sehr eng. Wer mit einem Gefährt (zum Beispiel ein Händler auf dem Weg zum oder vom Markt) unterwegs war, hatte gelegentlich Schwierigkeiten, ohne Kollision um eine enge Kurve zu kommen, wenn er es besonders eilig hatte. Er kratzte dabei mit den hervorstehenden Radachsen die Hauswand und beschädigte sie, was bei wiederholtem Unfall deutliche Spuren sehr zum Ungemach der Hausbesitzer hinterließ. Um sich gegen solche Beschädigungen zu schützen, setzten sie einen sogenannten Kratzstein aus widerstandsfähigem Material (Granit) an die gefährdete Stelle. Solche Radabweiser oder Prellsteine kann man noch heute vor allem in mittelalterlich geprägten Städten (Erfurter Innenstadt) finden. Hatte es der Kutscher eilig, konnte es geschehen, dass er in der Kurve den Stein berührte, verkürzt ausgedrückt: er kratzte die Kurve. Wer aber sein Gefährt an den engen Stellen vorbeilenkte, ohne Schaden zu nehmen oder zu verursachen, von dem hieß es, dass er allemal die Kurve kriegen würde. Womit im heutigen Sprachgebrauch gemeint ist, dass einer aus einer gefährlichen Situation (Prüfung, Abenteuer, Beziehung) gerade noch einmal glimpflich davongekommen ist.

Es gibt weitere, aber weniger überzeugende Interpretationen, die sich zum Beispiel auf die Fahrweise mit einem Motorrad beziehen, wenn man mit dem Pedal die Straße in einer engen Kurve berührt. Oder so: Vor Erfindung der Carvin-Ski wurde eine Lenkungsart so bezeichnet, bei der an der Spitze eines einzigen langen Stocks ein Nagel angebracht war, mit dem man auf der linken oder rechten Seite kratzend die Fahrrichtung korrigierte oder bestimmte.

Von etwas anderer Beschaffenheit ist die Kurve kriegen. Gemeint ist, noch rechtzeitig wieder auf den rechten Weg zu kommen und dem Leben wieder einen Sinn zu geben, bevor man eine Dummheit begeht. In Nordrhein-Westfalen wurde unter der Bezeichnung »Die Kurve kriegen« eine kriminalpräventive Initiative zur Verhinderung von Jugendkriminalität initiiert.

Man kann auch in einer mündlichen Prüfung im letzten Moment die Kurve kriegen, indem man redegewandt genug ist, sich aus einer falschen Darstellung geschickt herauszureden versteht.

Laus über die Leber

Der griechische Arzt Hippokrates war der Meinung, dass entsprechend seiner Temperamentenlehre Zorn und üble Laune in der Leber entstehen. Wer sich also schon über eine Kleinigkeit wie eine Laus aufregt, dem ist dieselbe über die Leber gelaufen. Der so Erregte spielte dann die beleidigte Leberwurst. Leberwurst ist besonders wetterempfindlich und schlägt zum Beispiel bei Gewitter, unsachgemäß gelagert, um und wird sauer. Aus der beleidigten Leber wurde durch den Zusatz Wurst eine beleidigte Leberwurst. Die Wurst wurde der Redewendung erst angefügt, als der eigentliche Sinn der einstigen Redewendung in Vergessenheit geraten war.

Dazu gibt es die Erzählung aus Obersachsen, wonach ein Fleischermeister alle Würste aus dem Kessel nahm, als sie den erforderlichen Reifegrad erreicht hatten. Es blieb die Leberwurst allein im Kessel zurück, da sie etwas länger brauchte. Weil sie sich allein gelassen fühlte, war sie beleidigt. Schöne Geschichte, ob sie stimmt, sei dahingestellt. Wahrscheinlich ist es eine nachgereichte Erklärung für eine bereits bestehende Redewendung. Um 1920 sagte man von einer exaltierten Dame, sie sei eine feine Leberwurst. Eine Redewendung, die heute nicht mehr gebräuchlich ist.

Warum ausgerechnet bildlich gesprochen eine Laus über die Leber laufen soll, lässt sich nicht schlüssig erklären. Laus und Leber werden alliterierend erst seit dem 16. Jahrhundert zusammen genannt, wenn sich jemand über eine Nichtigkeit wie es eine Laus ist, erregte. In den »Tischreden« von Martin Luther steht: »aus einer Laus ein Kamel machen« (analog zu aus einer Mücke einen Elefanten machen).

Die Vorstellung von der Leber als Zentrum des Gemüts kursierte noch weit bis ins 17./18. Jahrhundert. Paul Fleming schrieb in »Frühlings-Hochzeitgedichte«:

Vergebens ist uns nicht die Leber einverleibet: Sie, sie ist unser Gott, der uns zum Lieben treibet. Wer gar nicht lieben kann, der wisse, dass anstatt Der Leber er faul Holz und einen Bofist hat.

Christoph Martin Wieland schrieb in seinem »Hexameron von Rosenhain«: »Diese Nachrichten waren mehr, als nötig war, die Leidenschaft, die sich in seinem Herzen oder (wie die Alten meinten) in seiner Leber zu bilden anfangen wollte, im Keim zu ersticken.«

Wer aber unbekümmert lebte und frohen Mutes plauderte, dem attestierte man, dass er frei von der Leber weg spricht.

Im Märchen vom tapferen Schneiderlein, das genüsslich sein Musbrot verzehrt, steht: »Da lief ihm endlich die Laus über die Leber« angesichts der lästigen Fliegen, die an sein Frühstück wollten.

Wenn man einem anderen eine Laus in den Pelz setzt, bereitet man ihm Ungemach. Mit Pelz sind die Kopfhaare gemeint. Oder die Redewendung beschreibt etwas Überflüssiges (wie Eulen nach Athen tragen), weil sich im Pelz(mantel) schon reichlich Läuse eingenistet hatten. Sebastian Brant schreibt im »Narrenschiff«: »Es ist nit not, daß man Leuß in den Belz werf, sie wachsen wol on das drin.«

In Norddeutschland und Thüringen gab es den Brauch, beim Opferschmaus einen sogenannten Leberreim aus dem Stegreif zu erfinden, wenn er seinen Anteil aus der mit frischer Leber gefüllten Schüssel nahm.

Wenn jemanden, wie die im 19./20. Jahrhundert geläufige und bis heute erhaltene Redewendung, sprichwörtlich der Affe laust, ist die Person verärgert und misstrauisch gegenüber Dritten. Die vor allem in Berlin gebräuchliche Redewendung folgt dem Bild des mit einem Affen reisenden Schaustellers, dessen Tier einem Besucher auf die Schulter springt, um ihn zu lausen. Die Annahme, dass der Affe nach Läusen sucht, ist allerdings falsch. Es geht ihm um die Kopfschuppen, also Hautreste des Opfers. Daher kommt auch die überraschte Bemerkung wegen einer unangenehmen Nachricht oder Beschuldigung: Ich dachte, mich laust der Affe.

Im Volksglauben und in der Volksmedizin spielt die Laus eine besondere Rolle. Sie gehört nicht zu den Tieren im Paradies, sondern entstand erst, als Adam und Eva arbeiten mussten. Da wuchs das Ungeziefer im Schweiß der Vertriebenen. Es hieß auch, dass Hexen Läuse machen, um die Menschheit zu quälen. Man wird sie nur los, wenn man sie auf eine Münze bindet und auf einem Kreuzweg zertritt. Oder man spießt drei Läuse auf eine Stecknadel und wirft sie ins Feuer. Nach einer anderen Vorstellung muss man am 1. Mai mit einem neuen Besen in den frühen Morgenstunden kehren und soll ihn danach in Nachbars Garten werfen, um die lästigen Tiere loszuwerden. Bei Zahnweh soll man eine Laus in den hohlen Zahn stecken. Eine lausige Angelegenheit.

Oft wird die Laus auch bemüht, um eine Kleinigkeit, eine Nichtigkeit zu beschreiben. Von einem armen Mädchen, das keine Mitgift einbringen konnte, hieß es, »se hätt nich moal e Luus enm Bossem«. Da war es schon tröstlich zu hören, »Besser eine Laus im Kraut als gar kein Fleisch.« Schließlich wird die Laus noch bemüht, um einen ungezogenen Jungen als Lausbub, Lauser, Lausnickel zu diffamieren.

Die Volksmedizin geht davon aus, dass Läuse durch den Verzehr unreifen Obstes entstehen. Trägt man den Daumen eines Verstorbenen mit sich, hält man die Läuse ab. Bei zu geringem Wind soll der Seemann sein Hemd ausziehen, damit die Läuse darauf ihre Segel setzen können. Dann kommt ausreichend Wind auf. Kriecht eine Laus in ein neu genähtes Hemd, wird der Träger noch in dem Jahr ein Kind bekommen. Knackt man die erste Laus eines Kindes auf einem Notenblatt, wird es gut singen können. Solche und ähnliche Vorstellungen listet »Das große Handbuch des Aberglaubens« auf.

Leseratte

Die seit dem 19. Jahrhundert belegte Bezeichnung Leseratte war ursprünglich negativ besetzt. Sie spielte auf die Gier eines Menschen an, der jede Form von Literatur unkritisch verschlang.

Mitunter wird bei dem Begriff Leseratte an die schnellen Kopfbewegungen der Ratten gedacht, als deren Grund die eingeschränkte Sehfähigkeit der Tiere angenommen wird. Da denke ich lieber an die ruckartige Bewegung der Tauben mit ihren Köpfen, die auf diese Weise ein korrektes Bild zusammensetzen. Ist aber eher eine persönliche Vermutung. Beim Lesen verfolgen wir die Zeilen eines Buches ebenfalls mit einer leichten Kopfbewegung von links nach rechts, jedenfalls im europäischen Schrifttum. Naheliegender ist aber die Vermutung, dass mit Leseratte Bezug genommen wird auf die fressgierigen Ratten, die alles verschlingen, was ihnen vor die Nase kommt.

Georg Christoph Lichtenberg spottete: »Es gibt wirklich sehr viele Menschen, die bloß lesen, damit sie nicht denken dürfen.«

Die beleidigende Bedeutung in Verbindung mit Ratte könnte auch etwas damit zu tun haben, dass Lesen ein Privileg der oberen Klassen war. Als das niedere Volk zum Buch griff, wurde verächtlich auf es herabgeblickt. Dabei hat auch die Kirche ihren negativen Einfluss geltend gemacht, indem sie das Lesen von Büchern als falsch, obszön, gefährlich oder/und verleumderisch bezeichnete. Weshalb zum Beispiel in einer Bibelausgabe aus dem Jahr 1904 im Vorwort erklärt wird, dass nur die Heilige Schrift zur Erbauung dienen soll. Man müsse mit einem Gebet beginnen und mit einem Gebet enden, um im Glauben fest zu bleiben.

Die Furcht der Herrschenden vor einem gebildeten, lesenden Volk belegt zum Beispiel die Bücherverbrennung der Nazis 1933 auf drastische Weise, die als »Aktion wider den undeutschen Geist« in zahlreichen deutschen Städten proklamiert und praktiziert wurden. Heinrich Heine hatte bereits 1823 in seiner Tragödie »Almansor« geschrieben: »Dort wo man Bücher verbrennt, verbrennt man auch am Ende Menschen.«

Am 18. Oktober 1817 hatten Burschenschaftler (angeführt von Ludwig Jahn) Symbole der Einheits- und Freiheitsbewegung verbrannt, darunter auch zahlreiche Bücher.

Lutz Röhrich verweist auf eine Stelle bei Shakespeare im »Kaufmann von Venedig«, die möglicherweise für den Begriff Leseratte herangezogen werden kann. Dort steht: ... but ships are but boards, sailors but men, there be landrates, and water-rats, water-thievers, and land-thieves – (aber Schiffe sind nur Bretter, Matrosen nur Menschen, es gibt Landratten und Wasserratten, Wasserdiebe und Landdiebe).

Inzwischen hat der Begriff Leseratte längst sein schlechtes Image abgelegt und kann sogar als Lob aufgefasst werden für einen, der sich durch Lesen bildet.

Werden im Bundestag neue Gesetze eingebracht, müssen sie in sogenannten Lesungen debattiert werden, wobei es bei der ersten Lesung um die politische Bedeutung des Gesetzes geht.

Maulaffen feilhalten

Wenn einer mit offenem Mund etwas töricht staunend dasteht, ein Gaffer also, dann sagt man, dass er Maulaffen feilhält, als böte er Affen zum Verkauf an wie der Händler seine Ware. Mit Affen und Feile hat das Wort aber gar nichts zu tun. Denn Maulaffen waren Gefäße aus Ton, gelegentlich in Form von Köpfen mit offenem Mund, in die man die für die Beleuchtung erforderlichen Kienspäne steckte. Das Wort stammt aus dem norddeutschen Bereich und hieß bildlich Mul apen hollen (Maul offenhalten). Aus Maul offen wurde Maulaffe, womit sich die Redewendung erschließt. So jedenfalls erklärt sich Luther den Begriff, indem er vom Niederdeutschen dat mul apen hollen (das Maul offenhalten) schlussfolgert: »Einer, der das Maul aufsperrt den wir auf teutsch für einen Maulaffen halten.«

Geyler von Kaysersberg erklärt um 1500: »Denn es sein etliche also geartet, daß sie nicht hören können, wenn sie nicht das Maul aufsperren und gaffen, gleichwie ein Esel, der Disteln frißt.«

Als Vorbild könnte aber auch, so eine andere Deutung, das Festhalten eines brennenden Kienspans mit den Zähnen gedient haben, um ihn so zur Verrichtung einer Arbeit als Lichtquelle zu gebrauchen, wenn man beide Hände benutzen musste.

Olaus Magnus beschreibt Mitte des 16. Jahrhunderts in seiner »Historia de gentibus septentrionalibus« Maulaffe so: »Vber das braucht man auch durch alle mittnächtige Länder des Kienholtz in allerley Gestalt wie die gemeinen Haußkertzen. Nemlich also wann einer mit beiden henden zu schaffen hat steckt er etliche dünn geschnittne spän so vil er will vnter die gürteln ,vnd nimpt ein brennenden spon in den mundt.«

Bei Karl Friedrich Wilhelm Wander finden wir einen Hinweis auf Maulaffe: »In der altkölnischen Mundart bedeutet gabben soviel als gähnen oder den Mund weit aufsperren, und Gabbek nannte man jeden, der entweder aus individueller Einfalt den Mund immer offenstehen hat (dat Maul affen velhalten thut, s. Maulaffen), oder aus Gleichgültigkeit und Langeweile zu gähnen pflegt.« Und weiter heißt es: »Da Ape auch im Niederdeutschen ein Affe heisst, so hat man aus Unkunde aus dem offenen Maule einen Maulaffen gemacht und vermuthlich zuerst eben den, der im Plattdeutschen ein Muulape hiess, einen Maulaffen genannt.«

Der Aschaffenburger Maulaffe ist eine hölzerne Figur aus dem 18. Jahrhundert, die einen Gaffer darstellt. Chemiker nennen eine weithalsige Form des Erlenmeyerkolbens Maulaffe. Der Giebelschmuck mit Pferdeköpfen, wie er an mecklenburgischen Bauernhäusern oft zu sehen ist, wird auch Maulaffe genannt. Laut Grimmschem Wörterbuch bezeichnet man in Marburg ein mürbes Weizengebäck als Maulaffe.

Anstelle der einst irdenen Gefäße in Form eines Kopfes traten im 13. Jahrhundert metallene Halterungen für den Kienspan, die ihre eigenen Formen entwickelten und verstellbar waren. Selten ist eine Erklärung einer Redewendung eindeutig zu geben. Bestimmte Begriffe erhalten über die Jahrhunderte und regional verschieden voneinander abweichende Bedeutungen.

Der Wortteil feil, nur noch in den Verbindungen feilhalten und wohlfeil gebraucht, geht zurück auf das Althochdeutsche fali in der Bedeutung käuflich, wie es in der Literatur unter feile Dirne oder feiler Sklave gebräuchlich war. Manchmal muss man auch um eine Sache feilschen, also einen günstigen Preis aushandeln.

Nagelprobe

Mit Nagel einschlagen oder dergleichen hat Nagelprobe nichts zu tun. Es geht um den Daumennagel, wenn man etwas genau prüfen will. Der Brauch kommt aus altskandinavischer Zeit und ist seit 1494 auch für Deutschland bekannt. Als Beweis, dass man das Bierglas, das man auf das Wohl eines anderen erhoben hat, auch wirklich bis auf den letzten Tropfen ausgetrunken hat, setzte man es umgekehrt auf den Daumennagel der linken Hand. Blieb der unbenetzt, galt das Zuprosten als gelungen.

Den Brauch beschreibt Sebastian Brandt im »Narrenschiff«:
Das drinckgeschyrr heben sie entbor
Vnd bringent eym eyn früntlich trunck Do mit der becher mach glunck glunck Vnd meynen do mit andere eren
Das sie den becher vor umb kehren. Ich darff der selben hoffzucht nit, Das man mir vor das glaß vmb schüt Oder man mich zu drincken bitt.

Franz von Lipperheides »Sprichwörterbuch« verweist auf einen Trinkspruch an einem alten Hausgerät:
Schenk' voll ein,
Trink aus rein,
Daß man das Glas von oben Kann auf den Nagel proben;
Das ist zu loben.

In der 1575 erschienenen »Geschichtsklitterung« von Johann Fischart wird der Brauch das »säuferisch Nägleinklopffen« genannt.

Mit dem Spruch »So haben es auch die Alten im Brauch« steht die Redewendung in der Hoftrinkordnung des Kurfürsten Christian II. von Sachsen. Der in Europa weit verbreitete Brauch ist auch beim Wetttrinken in Studentenverbindungen als Abschlussprüfung des Bierjungen üblich.

In der Druckindustrie versteht man Nagelprobe anders. Bevor das Papier in die Maschine eingelegt wird, prüft der Drucker mit dem Daumennagel die Laufrichtung des Papiers. Das ist wichtig, damit das Papier sich beim Drucken nicht wellt. Um festzustellen, ob die Farbe gut angetrocknet ist, streicht der Drucker mit dem Fingernagel darüber. Sie muss nagelhart sein.

Auch in anderen Bereichen kennt man den Ausdruck in einer spezifischen Bedeutung. Der Mediziner prüft mit einem Nageldruck seines Fingers den Blutdruck des Patienten. Wenn sich darunter nach wenigen Sekunden Blut ansammelt, das kurz darauf seine rosa Färbung zurückgewinnt, ist alles in Ordnung. Ist das aber nicht der Fall, liegt vermutlich ein zu geringer Blutdruck vor.

Der Messerschleifer kontrolliert die Schärfe der Klinge, indem er sie schräg auf den Daumennagel setzt. Rutscht das Messer nicht ab, ist die Nagelprobe gelungen.

Blei ist ein relativ weiches Metall. Vermag man es mit dem Fingernagel einzuritzen, kann anderes Metall wie Zink, Zinn oder Wismut ausgeschlossen werden.

Schließlich noch die Nagelprobe einer Grammofonnadel. Bewegt man sie mit einer Drehung über den Fingernagel, hinterlässt eine spitze Nadel keinen Kratzer, während stumpfe deutliche Spuren verursachen.

Der Nagel – sowohl der Fingernagel als auch der Eisenstift – begegnet uns in zahlreichen Redewendungen. So sagt man, wenn man in großer Eile ist, um eine Angelegenheit schnell zu Ende zu bringen: es brennt einem auf den Nägeln. Dafür lassen sich wenigstens zwei Erklärungen anführen. Zum einen kann es mit der Foltermethode zusammenhängen, bei der dem Delinquenten glühende Kohlen auf die Fingerspitzen gelegt wurden. Zum anderen wird an die Methode der Mönche erinnert, sich beim Lesen der Frühmette im Dunklen kleine meist schon weit heruntergebrannte Kerzenstummel auf die Daumennägel zu kleben. Dazu steht 1649 bei Johannes Gerlingius: »Die kertz ist auf den nagel gebracht.«

Von einem, der eine Sache oder Angelegenheit ohne Zögern zu Ende bringt, heißt es, dass er Nägel mit Köpfen macht, denn einfache Drahtstifte ins Holz einzuschlagen ist deutlich schwieriger.

Von einem arroganten, sich als etwas Besseres dünkenden Menschen geht die Rede, er habe einen Nagel im Kopf, der bis zum Hals eingedrungen ist, weswegen der Angeber sich nur noch steif bewegen kann. Dazu passt die niederländische Wendung, eenem den Nagel daal kloppen, erklärt Lutz Röhrich.

Wenn der Schneider einen noch unfertigen Anzug an den Nagel hängt, tut er das, um sich einer anderen Arbeit zuzuwenden. Das sagt man auch von einem Berufs- oder

Studienabbrecher, wenn er seinen Job oder das Studium aufgibt und wie der Schneider den Rock an den Nagel hängt.

Vernagelt ist einer, der für vernünftige Argumente nicht zugänglich ist. Über den kann man sich so heftig ärgern, dass er einem zum Nagel für den Sarg wird.

Eine Geringfügigkeit ist das Schwarze unter dem Nagel (hier natürlich der Fingernagel), das man – nicht einmal das! – seinem Widersacher gönnt, weil er sich auch das nur unter den Nagel reißen würde.

Die Redewendung, den Nagel auf den Kopf treffen, wenn man eine treffende Bemerkung meint, hat aber ursprünglich nichts mit einem Hammer zu tun, der den Nagel ins Holz schlägt. Schützen bezeichnen den Mittelpunkt der Zielscheibe als Nagel; auch Zweck(e), woraus um 1600 unsere heutige Bedeutung von Ziel, Absicht, eben Zweck wurde. Luther: »Es ist not, daß ein guter Schütz allwegen den Pflock oder Nagel treffe.«

Gegenstände, die man mühelos transportieren kann, sind nicht niet- und nagelfest. Und es war Brauch, dass der Bauherr den ersten und den letzten Nagel einschlug, um seinen Besitz zu dokumentieren. Was frisch auf den Markt kommt, ist nagelneu. Der Begriff stammt aus dem 15. Jahrhundert, abgeleitet von spätmittelhochdeutsch nagelniuwe für neu genagelte Gegenstände. Die Steigerung dazu lautet funkelnagelneu. Der frisch geschmiedete, noch glühende Eisennagel hatte einen besonderen Glanz. Künstlerisch zu einem Bild in Holz positionierte Nägel nennt man Nagelbild. Einer der bekanntesten Künstler in diesem Metier ist der aus Crivitz (Mecklenburg) stammende Professor Günther Uecker.

In einem ganz anderen Sinne ist nageln beziehungsweise den Nagel einhauen gebraucht, nämlich als Sexualmetapher. Lutz Röhrich kennt auch noch den Begriff Nagel-Auto für ein Fahrzeug, in dem Geschlechtsverkehr stattfindet. Man lernt nicht aus.

Auch in abergläubischen Vorstellungen spielte der Nagel, abhängig vom Material, aus dem er beschaffen ist, eine besondere Rolle. So wurden Nägel in Stalltüren, Krippen und Tröge eingeschlagen, um Krankheit verursachende Dämonen zu bannen. Ein Nagel vom Kreuz eines Gehenkten um den Hals getragen sollte gegen Fieber helfen.

Sargnägel, listet »Das Große Buch des Aberglaubens« auf, mitternächtlich zu einem Fingerring geschmiedet, wirken gegen Krämpfe und Gicht. Geweihte Hufnägel verhindern, dass Pferde krumm gehen. Leichen- oder Totenhemde nagelte man am Sarg fest, um das Wiedergehen Verstorbener zu verhindern.

Aus dem Nähkästchen plaudern

»Wenn der Strumpf aber nun ein Loch hat«, wirft man ihn weg und kauft ein neues Paar. Das war früher vor der Erfindung der Wohlstandsgesellschaft anders. Der Strumpf wurde gestopft, das Kleid genäht, der Knopf mit Nadel und Faden wieder befestigt. Konrad Adenauer, der zahlreiche Erfindungen gemacht hatte, entwickelte den von innen beleuchteten Stopfpilz, damit die Hausfrau auch bei geringem Licht die Nadel mit dem Faden exakt führen konnte.

Die Frauen hatten ein kleines kunstvoll verziertes Kästchen, in dem sich Nadel, Faden, Knöpfe und alle erforderlichen Utensilien für eine Reparatur an Textilien befanden. Häufig war dieses Nähkästchen auch ein Aufbewahrungsort geheim gehaltener Liebesbriefe. Die Hausfrau konnte ziemlich sicher sein, dass der Ehemann dort nicht suchte oder das Geheimnis zufällig fand. Nähen war »Weibersache«. Dabei handelte es sich um eine jüngere Parallelbildung zu »aus der Schule plaudern« (16. Jahrhundert). Vor der Erfindung des Buchdrucks wurde Wissen in der Schule mündlich vermittelt.

Oft saßen die Frauen am Abend beisammen, um in der Gemeinschaft die Näharbeiten zu erledigen. Dabei wurden die letzten Neuigkeiten ausgetauscht, geredet und geplaudert. Und weil die Frauen unter sich waren, wurde auch das eine oder andere Geheimnis offenbart, das man im Nähkästchen verwahrt hatte.

Das Nähen an Fest- und Feiertagen galt als verpönt, weil schwere Heimsuchungen bei Zuwiderhandlung wie Blitzschlag oder dem Verfluchen des betreffenden Gegenstandes drohten. Für jeden Stich, den die Näherin an solchen Tagen ausführte, würde ihr der Teufel glühende Nadeln durch die Zunge stoßen. Ebenfalls unter Strafe gestellt war, wenn man sich ein etwa direkt am Körper befindliches Kleid nähte oder nähen ließ. Um dem Fluch entgegenzuwirken, sollte man während der ganzen Zeit reden, was Frauen eh nicht schwerfällt.

Theodor Fontane erzählt in seiner Novelle »Effi Briest« von den geheimen Liebesbriefen, die seine Heldin sechs Jahre vor ihrem Ehemann in ihrem Nähkästchen versteckt hielt und deren Entdeckung katastrophale Folgen für die junge Frau hatte.

Als Nähen bezeichnete man interessanterweise auch den Flug der Libelle. Es hieß, sie würden schreienden Kindern oder keifenden Frauen den Mund zunähen.

Persilschein

Wer einen Persilschein erhielt – ein Wort, das man heute kaum noch kennt oder in Unkenntnis der ursprünglichen Bedeutung benutzt –, besaß nach dem Zweiten Weltkrieg ein Dokument, das ihn von nationalsozialistischer Gesinnung freisprach. Er war im Sinne des bekannten Waschmittels Persil, das Reinheit garantierte, sauber. Bei der Entnazifizierung in Deutschland galten zunächst alle Deutschen ab 18 Jahren, die der NSDAP oder einer mit ihr verbundenen Organisation angehört hatten, als »verantwortlich« und von der Entnazifizierung »betroffen«. Im Zusammenhang mit dieser Maßnahme war ein solches Dokument, ausgestellt von einer offiziellen Behörde, von Nachbarn, Pfarrern, Arbeitskollegen oder vom Arbeitgeber und besonders begehrt von Opfern oder ehemaligen Gegnern des Nationalsozialismus, wichtig, um bestimmte Ämter zu erlangen oder Berufe ergreifen zu könne. Eine ähnliche Praxis wurde nach der politischen Wende von 1989 gehandhabt, um ehemaligen inoffiziellen und offiziellen Mitarbeitern (IM, OibE) der Staatssicherheit der DDR den Zugang zu öffentlichen Ämtern zu versperren oder sie daraus zu entfernen. Analog dazu sprach und spricht man von einer weißen Weste. Dieses Leumundszeugnis war aber nicht ohne Weiteres zu bekommen. Der Ausstellung musste eine gründliche Prüfung vorausgehen.

Bei weißer Weste erinnere ich mich an eine Erzählung von Anna Seghers über ein Land, in dem jeder nach der Geburt alle Orden bekam. Für je eine gute Tat wurde ihm einer abgenommen. Wer dann am Ende seines Lebens mit einer weißen Weste … Eine wunderbare Vorstellung!

Das in der amerikanischen Zone gültige Befreiungsgesetz vom 5. März 1946 teilte die Deutschen in fünf Gruppen ein. Je nach dem Grad der Belastung wurden entsprechende Bestrafungen (»Sühnemaßnahmen«) aufgelistet und praktiziert. Der Bedarf an »Persilscheinen« war angesichts der 6,5 Millionen ehemalige NSDAP-Mitglieder groß, zumal insgesamt jeder sechste Deutsche dieser Partei oder einer entsprechenden Organisation angehört hat.

Der Wunsch, sich mit Hilfe eines Persilscheins reinwaschen zu können war groß, groß war aber auch der innere Widerstand gegen diese Maßnahme. Bemerkenswert sind zum Beispiel die Wahlplakate in der Bundesrepublik 1949. SPD und CDU riefen dazu auf, beim »Ausmisten« zu helfen. Die FDP aber verkündete, man müsse endlich einen Schlussstrich unter die Entnazifizierung ziehen: »Schluss mit Entrechtung, Schluss mit Entmündigung!« Und das erst vier Jahre nach dem Ende der Naziherrschaft! Ein bemerkenswertes Detail: Eigentlich wurde das Wort Schluss damals mit ß geschrieben; auf den FDP-Plakaten stand Schluss, wobei die beiden Endbuchstaben eine unübersehbare Nähe zur NS-Schreibweise aufwiesen.

Die Alliierten hatten es in den meisten Fällen nicht unbedingt leicht. In einem US-Dokument ist das deutlich beschrieben, dass die Alliierten ihre liebe Mühe hatten, mit diesen verblendeten Deutschen umzugehen. »Selbst in Nazideutschland haben die Kühe vier Beine, das Gras ist Grün und um die Panzer scharen sich Kinder mit Zöpfen«, beschrieb ein US-Offizier seine ersten Eindrücke von Deutschland. Der Propagandafilm »Your Job in Germany« von Hollywood-Regisseur Frank Capra sollte Soldaten davor warnen, sich mit den Deutschen zu verbrüdern.

Wenn die »Ausnehmung« als Leumundszeugnis bewilligte wurde, war der Betreffende rechtlich einer nicht registrierungspflichtigen Person gleichgestellt und so zu behandeln, als ob er der NSDAP oder einer anderen NS-Organisation gar nicht angehört hätte. Eine teilweise Bewilligung konnte zum Beispiel darin bestehen, dass er oder sie noch eine einmalige »Sühneabgabe« zu leisten hatte und dann von weiteren Sühnemaßnahmen befreit war.

Im späteren Sprachgebrauch wurde der nach 1945 geprägte Begriff Persilschein verallgemeinert auch auf entlastende Dokumente, Bewertungen oder Umstände angewendet, die nichts mit der Entnazifizierung zu tun hatten. Heute wissen wir, dass eine »braune Vergangenheit« nicht unbedingt zum Schaden gereichte. In der Bundesrepublik Deutschland feierten die alten Nazis und Nazidiener fröhliche Urständ bis hoch zum Staatssekretär des Bundeskanzlers Adenauer.

Laut Lutz Röhrichs »Lexikon der sprichwörtlichen Redensarten« gab es den Begriff Persilschein allerdings schon früher, nämlich bereits während des Zweiten Weltkriegs. Wehrpflichtige brachten ihre Utensilien wie Wäsche und Toilettenartikel der Einfachheit halber in stabilen Persil-Kartons mit, wenn sie keinen passenden Koffer besaßen. Und »als die ersten Rekruten der Bundeswehr 1957 ihren Dienst antraten, kamen auch sie teilweise mit großen Persil-Kartons in die Kaserne«.

Übrigens war es die Frau des ersten deutschen Bundespräsidenten, Elli Heuss-Knapp, die den Slogan »Persil bleibt Persil« prägte.

Pleitegeier

Eine zahlungsunfähige Person ist pleite. Das Wort ist aus dem Jiddischen über das Rotwelsch Mitte des 19. Jahrhunderts im Berliner Verbrechermilieu benutzt worden, fand dann aber schnell Verbreitung in ganz Deutschland ohne den ursprünglichen Bezug. Ausgangspunkt ist das jiddische Wort plejte (= Flucht aus einer Notlage). Gemeint ist die Flucht eines Schuldners, der sich dem Zugriff seiner Gläubiger, der Polizei oder der Justiz entziehen will. Noch für das 18. Jahrhundert ist rotwelsch blademachen für fliehen, sich aus dem Staub machen bezeugt. Das Grimmsche Wörterbuch kennt das Verb pleiten für beschwerlich und mühsam.

Der Pleitegeier war schon vor 1900 im Sprachgebrauch geläufig. Es handelte sich ursprünglich nicht um den aasfressenden Vogel. Das Wort ist eine Verballhornung von Pleite-Geher. Der Tiername Geier kommt von Gier. Bildhaft kreist der Pleitegeier gleichsam gierig über einem bedrohten Unternehmen oder einer Person. Das Pfandsiegel des Gerichtsvollziehers mit dem Reichsadler als Hoheitszeichen wird im Volksmund Pleitegeier genannt.

Den Geier kannte man vor allen in den südlichen und östlichen Gebieten Deutschlands. Wenn man den Teufel nicht beim Namen nennen wollte, sprach man beispielsweise vom Geier. Seine Gefräßigkeit war sprichwörtlich (Hol dich der Geier!). In einem schlesischen Osterspiel geht eine Strophe so: Dasz dich der geier schende Hie unter meinen henden!

Oder um 1800 bei August Friedrich Ernst Langbein: Pack dich, du lump, im augenblick, sonst hohle dich der geyer!

Als Adjektiv bedeutete geier gierig, wie bei Erasmus Alberus zu finden. Nun war der bawer all zu geier, weil ihm die gans leit gülden eier. Er meint es sollt ihm basz gelingen Und wolt zuhauf grosz reichthumb bringen.

Um sich gegen Blitzschlag zu schützen, nagelte man einen Geier ans Scheunentor. Verbrannte Geierfedern sollten gegen Schlangen helfen ebenso wie gegen eine schwere Geburt. Einzelne Körperteile des Vogels wurden in der Volksmedizin gegen allerlei Krankheiten und Gebrechen eingesetzt: Das Gehirn bei Kopfschmerzen, Seitenstechen und Geschwülste; die Knochen sollten bei Furunkel und Abszessen helfen; mit Geierschmalz behandelte man Gichtkranke.

Rabeneltern

Die Bezeichnung Rabeneltern ist eine Schimpfwort und meint Eltern, vor allem die Rabenmütter, die ihre Kinder sträflich vernachlässigen. Womit den Vögeln gründlich Unrecht getan wird, denn deren Brutpflege ist vorbildlich. Das Weibchen wärmt (hudert) die ersten beiden Wochen die Jungvögel, ohne das Nest zu verlassen. Das Futter bringt das Männchen herbei und zerkleinert es zu »mundgerechten« Happen, die vom Weibchen gleichmäßig an den Nachwuchs verteilt werden. Sie selbst frisst erst, wenn der Nachwuchs satt ist. Die Jungvögel bleiben manchmal bis zu drei Jahren bei den Altvögeln, die gegenüber ihrem Nachwuchs ausgesprochen nachsichtig sind. So viel zum Thema Rabeneltern, ein Begriff, der etwa im 16. Jahrhundert entstanden ist. Nach sechs bis sieben Wochen verlassen die jungen Raben zwar das elterliche Nest, sie bleiben aber noch lange in ihrer Nähe und pflegen ein nahezu »familiäres« Verhältnis.

Die Raben haben in vielen volkstümlichen Vorstellungen keinen guten Ruf. Heinrich Heine verwendete den Begriff Rabenmutter auf sein Vaterland: »Wir, ich meine Deutschland, die alte Rabenmutter.«

Seltener spricht man vom Rabenvater, was ein Indiz dafür ist, dass Kindererziehung reine Frauensache sei. Darauf bezog sich auch die ehemalige Bundesumweltministerin Angela Merkel, als sie erklärte, dass berufstätigen Müttern häufig vorgeworfen würde, sie seien Rabenmütter. Diese Missdeutung über die Brutpflege der Raben hat eine lange Tradition. Sie gründet auf der fälschlichen Annahme, dass Raben ihre Jungen aus dem Nest werfen, wenn sie sie nicht mehr füttern wollen und sie alt genug wären, für sich selbst zu sorgen. Dazu lesen wir in Hiob 38,41: »Wer bereitet dem Raben die Speise, wenn seine Jungen zu Gott rufen und irrefliegen, weil sie nichts zu essen haben?«

Konrad von Megenbergs zitiert in seinem »Buch der Natur« (1350) die irrige Auffassung des Augustinus: »die raben werfent etleichen kint auz dem nest, daz si in nicht genuog speis pringen mügent.« Im 16. Jahrhundert erscheinen zunächst in sogenannten erbaulichen Texten die Begriffe Rabenvater, Rabenmutter, Rabeneltern.

Dieses apodiktische Urteil über die Raben fand Eingang in zahlreiche Ratgeber zur Erziehung der Kinder und dem Verhältnis der Eltern zu ihnen. Vermutlich stand die Annahme dafür Pate, dass junge Raben, die gerade das Nest verlassen haben, sich noch sehr unbeholfen auf dem Boden bewegen, woraus geschlossen wurde, dass sie zu früh auf sich allein gestellt wurden. Tatsächlich sollten sie in dieser Anfangsphase laufen und fliegen lernen, um im Leben bestehen zu können.

Raben und Krähen sind besonders intelligente Tiere. Früher glaubte man übrigens, dass die kleineren Krähen die weiblichen Tiere seien. Scheinbar wissen die Raben, dass ein Futterversteck nur dann sicher ist, wenn sie beim Verstecken nicht beobachtet werden. Neueste Studien erbrachten, dass die Intelligenz der Raben der von Menschenaffen ähnelt.

Odin, der germanische Gott, wurde von den Raben Hugin und Munin begleitet, die Gedanken und Erinnerungen versinnbildlichten. Sie saßen auf seinen Schultern und erzählten ihm, was in der Welt geschieht. Schiller lässt in den »Räubern« fragen: »Bist du's, Hermann, mein Rabe?« Die Antwort Hermanns lautet: »Bin's, Hermann, dein Rabe. Steig herauf ans Gitter und iss.«

Eine andere Legende erweist sich auch als falsch, wonach ein Rabe beziehungsweise eine Krähe dem/der anderen nicht die Augen aushackt. Dieses Verhalten, in der Auseinandersetzung mit anderen Tieren zuerst auf die Augen zu gehen, ist auch unter Rabenvögel beobachtet worden. In den Sprüchen 30:17 steht: »Ein Auge, das den Vater verspottet, und verachtet der Mutter zu gehorchen, das müssen die Raben am Bach aushacken und die jungen Adler fressen.«

Da Raben auch Aasfresser sind, werden sie Galgenvögel genannt, weil sie sich vom Fleisch Gehängter ernähren. Wer dem Galgen entgeht, hat sprichwörtlich die Raben um ihr Mahl gebracht. Der gemauerte Richtplatz unter dem Galgen wurde Rabenstein genannt.

Kinder werden in dem Lied »Hoppe, hoppe, Reiter« gewarnt: »Fällt er in den Graben, fressen ihn die Raben.« Mit solchen negativen Eigenschaften ausgestattet, nimmt es nicht wunder, dass die Mär von den Rabeneltern auf fruchtbaren Boden gefallen ist. Und so ist es schwer, den vor allem durch die Bibel und Luther tradierten Begriff Rabeneltern zu widerlegen. Dennoch gibt es auch zahlreiche mythologische Vorstellungen vom weißen Wanderer Röiven, der verirrten Menschen den richtigen Weg zeigt.

Dem griechischen Gott Apollo waren die Raben heilig. Der Prophet Elija wurde während seiner Hungerzeit von Raben versorgt. Zwei Raben haben die Mörder des Einsiedlers Meinrad von Einsiedel verfolgt und vor Gericht geführt. Doch trotz dieser zahlreichen positiven Erzählungen über Raben und Rabenvögel hält sich das Gerücht von den Rabenmüttern und -vätern.

Seit einiger Zeit ist von Helikoptereltern die Rede als Gegenstück zu Rabeneltern, wenn es um die übertriebene Sorge für die Kinder geht, denen man dadurch die Entwicklung zu eigenständigem Handeln behindert oder gar unmöglich macht. Da lob ich mir die Eltern der jungen Raben.

In Ungarn, Österreich und Deutschland kannte man den sehr seltenen Rabendukaten des Kaisers Mattias Hunyadi. Dabei handelte es sich um ein Geburtsamulett, von dem ein wenig Gold von der Münze abgeschabt wurde, das man der Gebärenden in Wein oder ein Nahrungsmittel mischte. Grund für die Ausgabe der Münze soll der Sage nach die Erinnerung an den Diebstahl eines Ringes durch einen Raben sein. Der Rabe ist das Wappentier des Geschlechts der Corvinischen Familie (lat. corvus = Rabe).

Am Riemen reißen

Einen weinerlichen oder überängstlichen Menschen fordert man gelegentlich auf, er möge sich gefälligst am Riemen reißen. Wie das? Und an welchem Riemen? Der Ursprung der Redensart ist auf Anhieb nicht ohne Weiteres zu erklären. Sie entstand im Ersten Weltkrieg und nimmt Bezug auf den Gürtel (Riemen) des Soldaten, an dem die für das Gefecht wichtigsten Gegenstände befestigt wurden. Der musste stramm am Körper sitzen, damit nichts verloren geht. Bei der Vergatterung konnte da schon einmal ein Soldat ermahnt werden, er solle gefälligst den Riemen enger schnallen. Daraus entwickelte sich die Bedeutung, man möge sich zusammenreißen, einschränken oder den Riemen enger schnalle, wenn es mit der Ernährung knapp wurde.

Sagt man es geht ihm an die Riemen im Sinne von »auf seine Gefahr oder Kosten«, erinnert das an eine mittelalterliche Foltermethode, bei der dem Verurteilten Streifen aus der Haut geschnitten wurden. Dazu lesen wir im Grimmschem Wörterbuch: »jemandem riemen aus dem rücken schneiden soviel wie ihn knechten, schinden: wie kanst du es nur im hertzen haben, dasz du ausz jrem rucken also breyte riemen schneidest, und lachest so sie weynen.«

Wer Vorteil aus einer Sache zog, von dem hieß es, dass er Riemen schneidet. Zweifaches Riemenschneiden wurde unter Strafe gestellt. Dazu lesen wir bei Burkard Waldis: »Die geselln, di eso jrn datum setzen vnd all morgen jr messer wetzen, damit sie zwiefach riemen schneiden, ob sie denn auch an galgen leiden, des soll man kein mitleiden hon.«

Das Riemenschneiden galt als eine Verschärfung zu weiteren als den angeklagten Vergehen. So heißt es im australischen CodexAustricatus von 1770: »kombt aber ein absonderlich grosses verbrechen [...] soll der richter die ordinari straff [...] durch [...] riemen schneiden vermehren«.

In einer ganz anderen Bedeutung, nämlich als Ruderblätter, kennt man Riemen unter Seeleuten, wenn es heißt, sie sollen sich in die Riemen legen, was inzwischen auch ganz allgemein gebraucht wird, um zu körperlicher Anstrengung oder Ertüchtigung aufzufordern.

Das Grimmsche Wörterbuch erklärt »riemen in der bedeutung ruder wol aus lat. remus: mnd. en schyp sunder stur unde remen. an de remen grepen.«

Vulgärsprachlich wird der Penis mit Riemen bezeichnet. (Der hat einen langen Riemen!) In solchen Kreisen spricht man auch vom Riemenschneider, wenn man den Facharzt für Haut- und Geschlechtskrankheiten meint. (Tilmann Riemenschneider möge es mir verzeihen.)

Riemenstecher (oder Beutelschneider) nannte man einen hinterlistigen, gerissenen Menschen, der stets auf seinen Vorteil bedacht war. Das Schimpfwort wurde auch auf Landstreicher angewendet, die auf den Märkten ihre Zuschauer aufforderten, in einen zusammengerollten Riemen zu stechen, wobei sie es so geschickt einrichteten, dass der Stich der anderen immer am Riemen vorbeiging. Schon im Stadtbuch von Augsburg fand der Begriff bereits im 13. Jahrhundert Erwähnung. König Friedrich Wilhelm I. erklärte in einem Edikt von 1716: »Marktschreier, Comödianten, Gaukler, Seiltänzer, Riemenstecher, Glückstöpfer, Puppenspieler und dergl. Gesindel.«

Schema F

Wer nach Schema F arbeitet, spult sein Programm stur nach Vorschrift ab. Das ist die Karikatur eines Beamten, der stereotyp Punkt für Punkt wie vorgeschrieben vorgeht, mechanisch, gedankenlos, ohne jede Empathie.

Meyers Großes Konversationslexikon erklärt das Wort so: »Schēma (griech.), eigentlich Gestalt oder Figur; dann im allgemeinen jede Form, die als Muster, Zeichen oder Leitfaden für die Anordnung, Untersuchung oder Darstellung eines Gegenstandes benutzt wird.« Und fügt die lateinische Formel an: »Quis, quid, ubi, quibus auxiliis, cur, quomodo, quando.« = Wer (hat) was, wo, womit, warum, wie, wann (getan?).

Schema F ist ein Formular als Vordruck, das 1861 die im preußischen Heer zu erstellenden Frontrapporte umfasste. Daher das F als Kürzel. Dieses stur nach Vorschrift abzuarbeitende Dokument wurde zum Inbegriff herzlosen bürokratischen Handelns, dem jede menschliche Regung fremd ist.

Es kann aber auch sein, dass die Bezeichnung Schema F schon älter ist. In einer 1855 verfassten »Instruktion über das Scheibenschießen der mit Zündnadel-Gewehren bewaffneten Infanterie-Bataillone« steht u. a.: »Die Verwendung derselben wird in der Munitionsberechnung nach Schema F nachgewiesen.« Diese Vorlage diente zum Ausfüllen des Schießberichts.

Die häufig negative Bedeutung ist das Ergebnis sturen Beamtentums gegenüber den Bedürfnissen der Bevölkerung.

Die erste Frauenbibliothek im Frauenzentrum Zürich firmierte unter der Bezeichnung Schema F. Sie wurde 1977 als »frauenlesebibliothek« eröffnet.

Auf den Schlips treten

Wer sich auf den Schlips getreten fühlt, fühlt sich beleidigt. Und er reagiert auch so. Nun dürfte es etwas schwierig sein, jemandem auf den Schlips zu treten, den er um den Hals gebunden trägt. Also kann der Schlips nicht der zum modischen Knoten gebundene Binder (Krawatte) sein. Krawatte kommt aus dem Französischen à la cravate und bedeutet »nach kroatischer Art«, hergeleitet von dem traditionellen Halstuch der Kroaten zur Tracht.

Die Kostümforscherin Ingrid Loschek erklärt: »Keineswegs [...] war die halstuchartige ‚Krawatte' nur bei kroatischen Söldnern üblich, wenngleich sich die nun übliche Bezeichnung cravate von Kroate ableitet. Die Krawatte stand immer, angefangen vom römischen Focale über das Halstuch kroatischer Regimenter bis zur Halsbinde von Offizieren und Generälen des Dreißigjährigen Krieges in soldatischem Zusammenhang, wenngleich sie nie festgeschriebener Teil einer Militäruniform war.«

Slip (Plural Slips) kommt aus dem Englischen (= Streifen) und gelangte über Norddeutschland als Zipfel am Hemd oder am (Herren)-Rock, beziehungsweise Rockschoß nach Deutschland. »Pedd di ni op'n Slips!«, sagt der Mecklenburger und meint: Bilde dir bloß nichts ein! Im 19. Jahrhundert war es Mode, doppelreihige Jacken mit weit herunterreichenden, spitz zulaufenden Enden (wie eine Schleppe) zu tragen. Wenn der Hintermann nicht aufpasste und der Rockschoß etwas zu lang oder der Träger zu klein war, konnte es durchaus passieren, dass er dem Vordermann auf den Schlips trat, sehr zum Verdruss des Trägers. In der Heidelberger Gegend sagt man über etwas völlig Unnötiges Färtz mit Schlips. Wenn man jemanden beim Schlips nimmt, redet man eindringlich mahnend auf ihn ein.

Schlips in der Bedeutung Krawatte (in der Schweiz Querbinder) ist erst um 1840 aus dem Englischen ins Deutsche eingewandert.

Angeblich soll der französische König Louis XIV. von der Parade des kroatischen Reiterregiments vor dem noch in Bau befindlichen Schloss Versailles begeistert gewesen sein, weil die Reiter ein am Kragen befestigtes Tuch trugen, das wie eine Rosette aussah. Der König soll von diesem modischen Schmuckelement so angetan gewesen sein, dass er die Cravat für sich übernahm und damit schnell Nachahmer in Adelskreisen fand. Er beauftragte sogar einen Cravatier mit der Pflege seiner Krawatten.

Unangenehm wird es für den, der etwas auf den Schlips kriegt, indem er einen Tadel zu gewärtigen hat. Wer in Schlips und Kragen daherkommt, geht gut gekleidet. Kommt er aber etwas derangiert daher, hat er sich vielleicht einen zu viel hinter die Binde (den Schlips) gegossen. Die französische Variante lautet: »S'en envoyer un derrière la cravate.«

Umgangssprachlich ermahnt man einen, der gar zu eitel daherkommt und sich für etwas Besonderes hält: Spuck dir nicht auf den Schlips. Allerdings war Schlips als Bezeichnung für die Krawatte bereits vor 1900 bekannt, denn zu der Zeit verwendete man das Wort schon in der heutigen Bedeutung. In England sagt man tread on the toes.

Schmiere stehen

Oft wird ein Einbruch von mehreren Personen ausgeführt. Ein Diebe steht vor dem Haus Schmiere, um seine Kumpane rechtzeitig zu warnen, falls der Hausbesitzer oder die Polizei unerwartet auftauchen. Heißt der Aufpasser Schmieresteher, weil er ein schmieriger Typ ist? Kaum. Schmiere stehen ist Gaunersprache. Das Wort wandelte sich vom Hebräischen über das Jiddische schimro (= Wache), woraus schließlich das in der deutschen Sprache geläufige Schmiere wurde. Das aus dem Rotwelsch abgeleitete Wort wurde ursprünglich auf die Polizei angewendet, bevor es zu dem Bedeutungswechsel kam. Weil der ursprüngliche Wortsinn verloren ging, wurde Schmiere mit schmieren in Verbindung gebracht, auch Butter- oder Käse stehen sagte man.

Grimms Wörterbuch von 1899 erklärt Schmier mit Wache, Hut, Aufsicht, bewachende Person, Wächter, Wachtposten, Soldat, Aufpasser, Diebeswache, Wache beim Einbruch, Wachtgebäude. In der Eifel und im Saarland versteht man unter Schmiere ein Butterbrot.

In anderen Verbindungen bedeutet Schmiere Prügel, Schläge; man bekommt eine geschmiert (= eine Ohrfeige). In Schlesien putzt man das Schuhzeug mit Schmiere. Dort sagte man aber auch: »Das ist eine Schmiere, die auf alle Stiefel passt« und meinte damit einen charakterlosen Zeitgenossen.

Wer in der Schmiere (= Scheiße) sitzt, befindet sich in einer unangenehmen Lage. Wenn man für alle Kosten einstehen muss, hat man die Schmiere zu bezahlen. Schließlich kann man an einer kleinen Bühne, einer Schmiere, seine Laufbahn als Schmierenkomödiant an einem Schmierentheater beginnen. Krüger-Lorenzen erklärt in »Deutsche Redensarten« den auf das Theater angewendeten Begriff Schmiere folgendermaßen: »Wandernde Schauspieltruppe, armselig und meist von fragwürdigem Rang. Vom Zusammenschmieren der Theaterstücke, unsachgemäßem Schminken (ins Gesicht schmieren!) und Schmieren als mangelhafter Textbeherrschung und niveaulosem Improvisieren.«

Konnte ein Pilot sein Flugzeug nicht in der Luft halten und musste er notlanden oder ist er gar abgestürzt, dann ist er abgeschmiert. Aber wer gut schmert, der gut fährt, weiß der Volksmund und meint nicht nur die gut eingefetteten Radachsen. Manch ein Politiker ist bestechlich, er wird mit Geld oder einem lukrativen Posten geschmiert. Schmieren für bestechen kommt vermutlich vom Einreiben der Hände mit einer Salbe. Sebastian Franck schreibt: »Die habend beide den Richter bestochen vnnd die hend gesalbet; also gadts, wer baß schmirwet, der fart dest baß.« Bereits Grimmelshausen verstand unter schmieren Trinkgeld geben: »Er schmierte mir sechs Reichstaler.« Goethe hat auch Schmiergeld gezahlt, wenn auch nicht in diesem negativen Sinne. Das ist sogar dokumentiert. Als er vom 9. auf den 10. Dezember 1792 im heutigen »Kaiserhof« zu Warendorf übernachtete, musste er für das Schmieren der Kutsche seinen Obolus entrichten. Die Rechnung, in Sütterlin geschrieben, ist werbewirksam an der Fassade des Hotels zu besichtigen.

In seiner groben (allerdings unvollendeten) Farce »Hanswursts Hochzeit« von 1775 lässt Goethe Kilian Brustfleck sagen: Ich mögt wohl meine Pritsche schmieren Und sie zur Thür hinaus formiren Indessen was hab ich mit den Flegeln Sie mögen fressen und ich will vögeln.

Schmieren wird auch in zahlreichen anderen Redewendungen gebraucht. So heißt es, man würde jemanden etwas ins Maul schmieren, wenn man ihm nahelegen will, was er zu sagen hat. Der Schmeichler schmiert Honig ums Maul. Wenn man einem den Buckel schmiert, verprügelt man ihn. Seltener ist die Redewendung, seine Schuhe mit Hasenfett schmieren, was meint, sich vor einer Sache zu drücken oder sich schnell wie ein Hase davonzumachen. Anschmieren gebraucht man in der Bedeutung von betrügen, oder es heißt über einen Mann, der das von ihm geschwängerte Mädchen schnöde verlässt, dass er sie angeschmiert hat.

Karl Friedrich Wanders »Sprichwörter-Lexikon« ist wie immer eine regelrechte Fundgrube. Hier eine kleine Auswahl:

Dat will'k di smêren, seggt de Potlapper, mîn Mûl mit Speck un Fett, un dîn Hals mit Ohrfîgen. – Mîn ouge an sach daz si giengen alle tage als ein gesmirter wagen, eben un delîse, niht bedrungen, daz in diu swert ûf den versen klungen. – Schmiere dem Undankbaren die Stiefeln, er wird sagen, du verbrennst sie ihm. – Schmieren macht linde Hände und ein schmales Recht. – Schmieren und Salben hilft allenthalben; hilft's nett bei den Mädlen, hilft's doch bei den Rädlen.

Unter Zuhältern versteht man Schmiertopf als Synonym für Gefängnis. Dorthin gelangt man zum Beispiel, wenn man von einem Sittenpolizisten, einem Schmiermichel, verhaftet wurde. Weitere Hinweise auf die Vulgärsprache verkneife ich mir.

Schuss in den Ofen

Das ist nicht ratsam, in den Ofen zu schießen, schon gar nicht, wenn darin ein Feuer brennt. Es liegen verschiedene Deutungsversuche vor. So könnte es sich um einen Begriff aus der Backstube handeln. Das Brot wird mit einem sogenannten Schießer, ein flaches Holzbrett, in den heißen Ofen eingeführt. Hat der Ofen aber nicht die erforderliche Temperatur oder ist er gar nicht geheizt, so wäre das Einschießen des Brotlaibs ein Schuss in den (kalten) Ofen und alle vorherige Mühe des Bäckers umsonst.

In der Druckgießerei wird ein misslungenes Stück als Schuss (Ausschuss) bezeichnet. Es muss erneut im Brennofen eingeschmolzen werden, um es wieder verwenden zu können.

Ein »Spiegel«-Artikel von 1971 meint, bei einer etwas lockeren Synchronisierung der englischen Krimiserie »Departement S« seien den Protagonisten flapsige Sprüche in den Mund gelegt worden, wovon Schuss in den Ofen einer war.

Mit Ofen wird aber auch eine Zweideutigkeit umschrieben. Wenn man sagte, der Ofen wird bald einfallen, so hieß das, die Schwangere wird bald gebären. In Anspielung auf bestimmte bauchige Ofenformen wurde damit der gewölbte Leib der Schwangeren gemeint. Anders und nun wirklich doppeldeutig sagte man von einem Mann, der es mit der Nachbarin oder einer anderen Frau als der eigenen trieb, dass er in einem fremden Ofen backen würde.

Um jemandem übel nachzureden, heißt es verächtlich, der habe einen Sockenschuss. Hierbei besteht aber kein direkter Zusammenhang mit schießen oder Schuss aus einer Waffe. Der Begriff kommt aus dem Wäschereiwesen. Einzelne Socken werden mittels einer speziellen Etikettenpistole oder händisch zu einem Paar verbunden, damit sie besser sortiert werden können.

Wörterbücher aus dem 19. Jahrhundert kennen die Formulierung einen Schuss haben als abfällige Bezeichnung für einen Menschen, dessen Gedächtnis sinnbildlich wie von Schrotkugeln durchlöchert scheint.

Noch eine andere Erklärung bezieht sich auf die Erfahrungen aus den Schützengräben des Ersten Weltkrieges. Erlitt der Soldat einen Kopfschuss, bedeutete das in aller Regel den Tod. Hat er aber gerade etwas Verrücktes oder Albernes getan, einen Kopfstand oder dergleichen gemacht, und wurde er dabei vom Gegner getroffen, erlitte er

einen Sockenschuss. Das scheint mir aber um drei Ecken gedacht zu sein. Soldaten hatten im Schützengraben etwas anderes zu tun, als sich zum Kasper zu machen.

Wer einem anderen in die Quere kommt, der läuft ihm redensartlich in die Schusslinie. Der Begriff kommt ursprünglichen aus dem Jagdwesen und meint das Wild, das dem Jäger vor die Flinte läuft. Schiller legt in »Kabale und Liebe« dem zornigen Miller einen Fluch in den Mund, indem er ihn gegen den Sekretär Wurm ausrufen lässt:

»Aber soll mir der Tintenkleckser einmal in den Schuss laufen!«

Wer nichts taugt, der ist keinen Schuss Pulver wert. Bei der Marine kennt man den Begriff einen Schuss vor den Bug abfeuern, womit die letzte Warnung gemeint war. Diese Redewendung ist inzwischen im täglichen Gebrauch auf Situationen angewendet, in denen man einem anderen seine Grenzen aufzeigen will: Bis hierher und nicht weiter. Ein Sportschütze ist froh, wenn er den Schuss ins Schwarze, nämlich in den Mittelpunkt der Zielscheibe schafft. Auch diese Wendung ist in den allgemeinen Sprachgebrauch eingeflossen. Wer zum Schuss kommt, trifft auf eine günstige Gelegenheit, das kann im übertragenen Sinne auch Koitus bedeuten.

Wer weit vom Schuss sitzt, ist außer Gefahr. Zu weit vom Schuss ist jemand, der am unmittelbaren Geschehen nicht beteiligt ist und deshalb auch nicht sachkundig urteilen kann. Dann hat er aber auch keine Möglichkeit, zum Schuss zu kommen wie der Jäger, der zu weit weg ist vom anvisierten Ziel. Peinlich kann es werden, wenn der Schuss nach hinten losgeht. Das konnte durchaus passieren in einer Zeit, als die Schusswaffen und Kanonen noch nicht so technisch perfektioniert waren wie moderne Waffen. Wenn dann das Pulver auf der Pfanne zu früh zündete, konnte das durchaus gefährlich für den Schützen werden. Aber »Im Leben, im Leben geht mancher Schuss daneben« heißt es in einem Schlager, den Katja Ebstein gesungen hat.

Bis die Schwarte kracht

Wenn einer besonders hart arbeitet, dass ihm der Schweiß dabei ausbricht, sagt man umgangssprachlich von ihm, er schuftet, bis ihm die Schwarte kracht. Die Herkunft des Wortes Schwarte ist nicht genau zu ermitteln. Die häufigste Erklärung ist laut Grimmschem Wörterbuch »mit haaren überzogene haut, besonders bezogen auf die menschliche kopfhaut.« In Wernher der Garertenehres »Meier Helmbrecht« lesen wir: als si wæren dar geflogen, ûz dem Spehtharte. ûf gebûren swarte, kam nie besser houbetdach, dan man ûf Helmbrehte sach.

Und weiter im Grimmschen Wörterbuch: »später steht das wort fast nur noch in derber rede: schwarte, in verachtung, wird von des menschen haut auf dem kopf gesagt [...] in mundarten aber auch ganz unverächtlich von der behaarten haut des menschlichen kopfes.« Im Laufe der Jahrzehnte ging der Zusammenhang mit Behaarung verloren und Schwarte steht ganz allgemein abwertend für dicke Haut.

Im mittelalterlichen Gedicht »Parzival« steht:
der helt was zornes dræte:
er sluog in daȝ im wæte
vome schafte ûȝer swarten bluot.

Hans Sachs dichtete in den Fastnachtsspielen:
den wil ich hawen durch die schwarten,
das die sun noch mus durch in scheinen.

In Oskar Schades »Satiren und Pasquille aus der Reformationszeit« steht:
»Nüt bessers, man thet in die roten hütlin ab, daß in die schwart kracht.« In grober Sprache bedeutet auf die Schwarte hauen verprügeln (analog dazu: das Fell gerben).

In Luthers Übersetzung von Matthäus heißt es: »Gott griff denen redlich auf die Schwarte, die Mosen dämpfen wollten«.

Im »Froschmäusler« reimt Georg Rollenhagen:
[wir wollen] am ufer der feind erwarten,
sie tapffer klopffen auff die schwarten.

Früher war es üblich, dass die Bauern ihre Schweine selbst schlachteten oder einen Schlachter bestellten. Die borstige Haut der getöteten Tiere – die Schwarte – musste gebrüht und dann abgezogen werden. Um es zu Leder zu verarbeiten, wurde die Schwarte geklopft. Auch die gebrühte und enthäutete Kopfhaut vom Kalb und dem Rindermaul werden Schwarte genannt.Das verarbeitete Leder wurde genommen, um zum Beispiel Bücher (Folianten) einzubinden, deshalb spricht man noch heute von einer alten Schwarte, wenn es um historische Bücher geht. Von einem, der viel liest, heißt es der schwartet. Auch in dem Wort Speckschwarte ist der Begriff erhalten geblieben. Heute kaum noch gebräuchlich ist die Redewendungen eine tüchtige Schwarte haben für ein loses Mundwerk.

In der Holzindustrie versteht man unter Schwarte die äußeren Abschnitte beim Aufsägen eines Stamms, wobei die Rinde (Borke) die äußere Stammrundung aufweist. Diese Schwarten sind von minderer Qualität und werden zu Brennholz oder Hackschnitzel verarbeitet. Als wetterbeständige Außenverschalung an Gebäuden wirken sie rustikal und stabil.
In der Kürschnerei versteht man unter Schwarte ein minderwertiges Fell des Rotfuchses.
In der Medizin kennt man die Pleuraschwarte, auch Pleuraschwiele als Verdickung des Rippenfells, was zu Rippenfellentzündung führen kann.

Standpauke halten

Wem eine Standpauke gehalten wird, der sollte sich reumütig zeigen, denn dem Tadel vorausgegangen war zumeist eine Verfehlung oder ein ungebührliches Verhalten.

Strafpredigten wurden bereits im 14. und 15. Jahrhundert von katholischen Mönchen und Priestern gehalten. Die Gläubigen sollten die Schlechtigkeiten ihres Lebenswandels begreifen und abstellen. Es wurden ihnen die Leviten gelesen. (siehe Kapitel »Leviten«) oder eine Philippika gehalten. Der Ausdruck Philippika geht auf Demosthenes zurück, der zum Widerstand gegen König Philipp II. von Makedonien aufrief.

Seit dem ersten Drittel des 15. Jahrhunderts gibt es den Begriff Standpauke aus dem studentischen Vokabular. Ursprünglich sagte man Standrede für einen im Stehen gehaltenen Vortrag. Der zu Ermahnende musste die Rede im Stehen anhören. Pauke bezieht sich auf das Verb pauken (puken = draufschlagen). Laute Schläge auf die Kanzelbrüstung begleiteten die Strafpredigt, um sie besonders eindrucksvoll zu zelebrieren.

Pauken gebraucht Luther noch im Sinne von auf die Kanzel schlagen, wenn der Prediger seine Mahnung an die Kirchgänger besonders eindrucksvoll unterstützen wollte; daher die heute noch gebräuchliche Vokabel Pauker für einen Lehrer und pauken für lernen. Studenten meinten unter pauken das Üben vor einer Prüfung. Auf dem Paukboden wurden die für das Fechten erforderlichen Ausrüstungsgegenstände aufbewahrt.

Als Standrede bezeichnete man im Unterschied zur Leichenpredigt die am offenen Grab im Stehen gehaltene Predigt des Geistlichen. Das Grimmsche Wörterbuch erklärt: »am häufigsten in engerer bedeutung, von einer solchen rede, welche nach einsenkung einer leiche bey dem grabe gehalten wird.« Inzwischen ist der Begriff auch im außerkirchlichen Gebrauch bekannt, wenn auch eher als Standpauke.

Stein im Brett

Wenn man einen Stein im Brett hat, muss man bei der Bearbeitung des Holzes sehr vorsichtig sein. Aber die Redewendung wird natürlich in einem anderen Sinn gebraucht. »Du hast bei mir noch einen Stein im Brett«, sagt man, wenn man einem Dritten zu Dank verpflichtet ist. Wie kommt der Stein in das Brett?

Die Redewendung ist gut 500 Jahre alt. Wir finden sie 1529 bei Agricola im Zusammenhang mit dem damals beliebten Brettspiel Puff oder Tricktrack (engl. backgammon), auch Wurfzabel genannt. Wer dabei einen sogenannten Bund hatte, also zwei nebeneinander stehende Steine, über die der Mitspieler mit seinen Steinen noch hinüber springen musste, um seinen Stein jenseits des Bundes setzen zu können, hatte schon fast gewonnen. Die Erklärung Agricolas für das Spiel geht so: »Wer auff dem spill eynen gutten bund im brette hat, darüber ein ander sein steyne spilen muss, der hat das spil halb gewonnen. Also auch wer vor grossen Herren und Rädten zu schaffen hat, vnd hat yemand der sein sach trewlich fordert vnd treibet, der hat eynen gutten steyne im brette, einen guten freundt, der ym zu seiner sachen redt und hilffet.«

Wenn man bei Hofe einen zuverlässigen Freund hatte, der rechtzeitige vor möglicher Gefahr warnen konnte, war der so gut wie eine Sperre beim Tricktrackspiel. Man hatte so etwas wie einen Stein im Brett, also einen Helfer bei Hofe.

Friedrich Schiller lässt den ersten Kürassier in »Wallensteins Lager« sagen:

Der versteht sich auf solche Sachen,
Kann bei dem Friedländer alles machen,
Hat auch einen großen Stein im Brett
Bei des Kaisers und Königs Majestät.

Das Tricktrack- bzw. Puffspiel war die zweitbeliebteste Freizeitbeschäftigung in den Freudenhäusern. Puff wurde lautmalerisch gebraucht, wenn ein Stein geschlagen wurde. So kam

es, dass der Ort, wo man das Spiel gern ausführte, synonym als Puff bezeichnet wurde, in dem man – das kann man jetzt verstehen, wie man will – einen Stein im Brett hatte. Diese Zweideutigkeit hat sich zugunsten der Eindeutigkeit verloren.

Als der Sarkophag des Pharaos Tutanchamun 1922 entdeckt und geöffnet wurde, befand sich unter den zahlreichen Grabbeigaben auch ein Spiel, das man in jener Zeit gespielt hatte: Senet. Das bedeutete durchschreiten. Das Spiel hatte neben dem Zweck der Unterhaltung auch religiöse Bedeutung. So findet das Sternbild Orion (entspricht Osiris) als Erwähnung und Bezüge zum Lauf der Gestirne. Im antiken Rom, wo das Spiel ebenfalls bekannt war, sprach man von tabula. Und als es weiter in den Norden wanderte, wurde daraus Tricktrack und Puff, später Backgammon. Hatte also der Pharao bereits einen Stein im Brett, als von Agricola, Luther und Schiller noch gar keine Rede sein konnte?

Auf den Strich gehen

Die Redewendung auf den Strich gehen wird heute nur noch in der abwertenden Bezeichnung für Straßenprostitution gebraucht. Dabei war die ursprüngliche Bedeutung relativ harmlos.

In der Jägersprache versteht man unter Strich eine gedachte Linie auf einer bestimmten Höhe, in der männliche Baumschnepfen während der Balz fliegen, um die Aufmerksamkeit der Weibchen zu erregen. Ebenfalls aus der Sprache der Jäger kommt die Erklärung, dass es sich bei dem Strich um die Blutspur eines in der Treibjagd verwundeten Tieres handelt. Da Schnepfe auch synonym für Dirne gebraucht wird, liegt ein Zusammenhang mit Schnepfenstrich nahe. Oder es handelt sich um die Kurzform zu Landstrich, mit dem ein bestimmtes abgegrenztes Areal gemeint ist. Das rotwelsche Strich ist ein Synonym zu Leine (lat. linea) in der Bedeutung Grenzlinie für ein bestimmtes Gebiet.

Die Redewendung geht zurück auf eine Prostitutionsverordnung Wiens um 1900. Danach durften sich Straßendirnen nur innerhalb eines bestimmten Bereichs am Rand des Bordsteins, nämlich »hinter dem Strich« aufhalten, was den Begriff »Bordsteinschwalbe« erklärt. Ähnlich war eine in Hamburg vorgeschriebene Grenze, wonach Prostituierte nicht näher an die Schiffe herandurften. Sie mussten »auf dem Strich« auf ihre Kundschaft von den einlaufenden Schiffen warten.

In Michael Lindeners »Rastbüchlein« von 1588 steht über eine Frau, die ihre Ehrbarkeit nur vortäuschte: »Dann sie fromb ist, wann mans sihet und tag ist, aber bey nacht hat sie iren strich.«

Nach anderer Lesart wird die Redewendung mit der Vogelstellerei in Verbindung gebracht, gemeint sei eigentlich Finken fangen. Dazu dichtet Hans Sachs in »Das böse Weib«: Wann e und ich mich umb gesich, So ist sie auf dem Finckenstrich.

Wer noch auf dem Strich gehen kann, hat mit dem horizontalen Gewerbe nichts zu tun. Gemeint ist der Test, zum Beispiel bei der Polizei ohne Abweichung auf einem vorgegebenen Strich (Linie) zu gehen, um zu beweisen, dass man nüchtern ist, während sich Betrunkene nur noch in Zick-Zack-Linie bewegen können.

In der Seemannssprache bedeutet den rechten Strich halten, das Schiff auf dem vorgegebenen Kurs zu steuern entsprechend der Einteilung (Strich) auf dem Kompass.

Treppenwitz

Bei dem Wort Treppenwitz ist der einstige Sinn verloren gegangen. Um etwas Unsinniges zurückzuweisen, sagt man, das sei ein Treppenwitz, also eine nicht ernst zu nehmende Bemerkung. Witz meinte ursprünglich Wissen. Die Redewendung vom Treppenwitz geht von der Erfahrung aus, dass man hinterher immer klüger ist, also wenn

man den Raum bereits verlassen hat und einem erst auf der Treppe einfällt, was man hätte sagen müssen oder sollen, gleichsam eine verpasste Gelegenheit, durch besseres Wissen zu glänzen beziehungsweise die passende Antwort zu geben. Der Begriff ist als Übersetzung aus dem Französischen seit etwa 1850 bekannt. Zunächst verwendete man dafür Treppenverstand oder Treppenglück.

In Meyers Konversationslexikon wird zwischen Wortwitz und Sachwitz unterschieden. Während der erstere auf das Spielen mit Worten abzielt, meint Sachwitz das Komische eines Gegenstandes.

Friedrich Nietzsche, der stattdessen den Begriff Treppen-Glück gebraucht, schreibt in ›Menschliches, Allzumenschliches‹: »Wie der Witz mancher Menschen nicht mit der Gelegenheit gleichen Schritt hält, so daß die Gelegenheit schon durch die Türe hindurch ist, während der Witz noch auf der Treppe steht. So gibt es bei Anderen eine Art von Treppen-Glück, welches zu langsam läuft, um der schnellfüßigen Zeit immer zur

Seite zu sein; das Beste, was sie von einem Erlebnis, einer ganzen Lebensstrecke zu genießen bekommen, fällt ihnen erst lange Zeit hinterher zu, oft nur als schwacher gewürzter Duft, welcher Sehnsucht erweckt und Trauer.«

Der französische Philosoph Denis Diderot schrieb in »Paradoxe sur le comédien« (1773): l'esprit d'escalier.

Das Wort Treppenwitz ist im Deutschen erst 1882 durch William Lewis Hertslets »Der Treppenwitz der Weltgeschichte. Geschichtliche Irrtümer, Entstellungen und Erfindungen« eingeführt worden. »Der Geschichte fällt, gerade wie dem von der Audienz heruntergekommenen Bittsteller, ein pikantes, gerade passendes Wort fast immer hinterher ein.« Bezugnehmend auf Diderot schrieb er über historische Ereignisse, die im Nachhinein anders oder gar uminterpretiert wurden. Immer wenn Geschichte geschrieben wird, werden auch Geschichten erfunden, die mitunter die tatsächlichen Begebenheiten ad absurdum führen. Geschichte schreiben die Sieger, die Besiegten mussten sie durchleben. Heute bezeichnet man damit eine Ironie des Schicksals oder einen albernen Witz.

Trick 17

Mit Trick 17 wird ein ungewöhnlicher oder unorthodoxer Lösungsweg für ein schwieriges Problem beschrieben, der auf Anhieb funktionieren muss. Die Schweizer sprechen in dem Zusammenhang von Trick 77, in Frankreich heißt es Systém D (D steht für se débrouiller = zurechtkommen). Die Finnen sagen kikka kolmonen.

Das Wort Trick für einen Kunstgriff, auch für List oder Betrug, wird von dem altfranzösischen Wort trichier (= betrügen) abgeleitet, ist aber vermutlich erst in der zweiten Hälfte des 18. Jahrhundert auf dem Umweg über England in den deutschen Sprachgebrauch gelangt. Ursprünglich bedeutet das lateinische Wort tricare betrügen, Winkelzüge machen. Sprache wandert mit den Völkern.

Laut Heinz Küppers »Illustriertem Lexikon der deutschen Umgangssprache« soll der Ausdruck erst ab 1950 in Umlauf gekommen sein. Es gibt, wie so häufig, auch für diese Redewendung unterschiedliche Erklärung.

In dem Kartenspiel Whist wird jeder Stich mit dem englischen Wort trick (= List, Kniff, Stich) bezeichnet. Die höchste Stichzahl ist die 17.

Oder so: Der Physiker Carl Friedrich Gauß erbrachte 1796 den algebraischen Beweis, dass sich mit Zirkel und Lineal ein Siebzehneck bilden lässt.

Während des Ersten Weltkriegs entwickelte Frankreich einen Plan zur Verteidigung von Elsass-Lothringen und bezeichneten ihn als plan dix-sept (Plan 17).

Fragwürdig ist die Erklärung, dass der Magier Carlos Luminoso ein Buch mit der Beschreibung seiner Tricks hinterlassen habe, wobei der letzte, die Nummer 17, eine leere Seite war. Aber das gehört wohl ins Reich der Spekulation.

In Österreich waren einst zwei Münzen in Umlauf, die einander sehr ähnlich sahen. Konnte man die niedrigere Münze für die mit dem höheren Wert, nämlich 17, mit einem kleinen Trick anwenden, so war das der Trick 17.

Einen Vogel haben

Wenn einer einen Vogel hat, besitzt er entweder einen gefiederten Hausfreund oder er ist nicht ganz richtig im Kopf, denn bei dem piept es. »Eine Meise haben« geht in die gleiche Richtung. Dabei handelt es sich bei Meise vermutlich um eine Verballhornung des jiddischen Wortes mases (= Untaten), woher Mätzchen machen für Unfug abgeleitet wird.

Nach abergläubischer Vorstellung spuken im Kopf eines geistig behinderten oder erkrankten Menschen Dämonen in Gestalt von allerlei Ungeziefer, besonders aber Vögel. Ähnliche Wendungen sind zum Beispiel: Der hat Grillen im Kopf oder ihm steckt der Kopf voller Mäusenester. Deshalb zeigt man einem Widersacher mit einer eindeutigen Geste seine Meinung über ihn, indem man gegen die eigene Stirn tippt und sagt: Du hast doch einen Vogel! (Das kennt man als spezielle Geste unter Autofahrern, zum Beispiel wenn einem die Vorfahrt genommen wird.)

Eine andere Herleitung für die Redewendung gibt der Wiener Medizinhistoriker Johann Werfing. Er verweist auf mikrocefale Menschen (Kleinköpfige), deren Kopf und damit das Gehirn deutlich kleiner sind als normal, also an einen Vogelkopf erinnernd.

Vögel dienen auch für zahlreiche andere Redewendungen als Beispiel, wofür abergläubische Vorstellungen oft eine Rolle spielten. Wenn ein Vogel, insbesondere eine Eule, Krähe, Elster oder Taube ins Haus gelangte, war mit einem Sterbefall zu rechnen. Fliegt ein Vogel hoch oder tief, gibt das Auskunft über das anstehende Wetter (Hoch- und Tiefdruckgebiete).

Vögel erschienen in alten Vorstellungen als Berater wie die Raben Munin und Hugin des nordischen Gottes Odin, der den Beinamen Hrafnáss (Rabengott) trägt. Wurde jemand als vogelfrei (Friedloserklärung) verurteilt, dann war er frei wie ein Vogel und durfte als Rechtloser gejagt und ungestraft getötet werden. Die Formel lautete: »Er ist dem Vogel in der Luft, den wilden Tieren im Walde, den Fischen im Wasser zum Fraße freigegeben.« Auch erhängte Übeltäter wurden den Vögeln, insbesondere den Raben zum Fraß überlassen. Im Kinderlied heißt es: »Fällt er in den Graben, fressen ihn die Raben.« Als der angebliche Hauptmann von Köpenick, Wilhelm Voigt, begnadigt und aus dem Gefängnis entlassen wurde, erklärte er erleichtert: »Ich bin jetzt frei – hoffe aber, niemals mehr vogelfrei zu werden!«

Hat jemand auf dem Volksfest (Vogelschießen) als erster den hölzernen Vogel auf der Stange getroffen, hatte er erfolgreich den Vogel abgeschossen. Ganz anders erging es dem, der (wie der Vogel) jemandem auf den Leim ging (auch: ins Netz), der mit Leim präparierten Rute zum Fangen von Vögeln. Schon bei den Römern galt ein etwas eigenartiger Mensch als seltsamer Vogel. Juvenal (1. und 2. Jahrhundert) prägte den Ausdruck Rara avis (= seltener Vogel). Luther nimmt das Wort auf und schreibt in »Von weltlicher Obrigkeit«: »Und solt wissen, das von anbegyn der wellt gar eyn seltzam vogel ist umb eyn klugen fursten.«

Behauptet man, jemand habe einen toten Vogel in der Tasche, unterstellt man ihm, dass ihm ein übelriechender Darmwind entfleucht ist.

Die Redensart, dass man ein Vögelchen davon habe singen hören, erinnert an die alte Vorstellung in Sagen und Märchen, wonach Vögel geheime Botschaften überbringen. So beginnt ein bekanntes Volkslied mit den Zeilen:

Kommt ein Vogel geflogen, setzt sich nieder auf mein' Fuß, hat ein Zettel im Schnabel, von der Mutter einen Gruß.

Bei Salomo 10,20 heißt es: »Fluche dem König nicht in deinem Herzen und fluche dem Reichen nicht in deiner Schlafkammer; denn die Vögel des Himmels führen die Stimme fort, und die Fittiche haben, sagen's weiter.« Ein Geheimnis, das längst keines mehr ist, pfeifen die Spatzen von den Dächern.

»Friss Vogel, oder stirb!« finden wir bei Luther: »Wie du wilt, Vögelin, wiltu nicht essen stirb.« So ähnlich lesen wir auch bei Grimmelshausen: »Ich dachte, jetzt heißts: Friß Vogel oder sterb.« Hintergrund ist die Methode, Vögeln bestimmte Verhaltensweisen anzuerziehen (kirre machen), indem ihnen nur ein ganz bestimmtes Futter angeboten wird. Wer sich überlisten ließ, der war wie ein Vogel ins Netz gegangen. Ein loser Vogel ist ein Hallotri, ein Tunichtgut.

Vögel, vor allem einheimische, haben im Volksglauben eine besondere Bedeutung. So kündigen Eulen, Krähen, Tauben, Kuckuck und Raben bevorstehenden Tod an. In Märchen hingegen erscheinen Vögel häufig als Berater oder Helfer in der Not. In Schlesien kannte man den Vogelhannes als ein Gespenst. Bauern stellen auf ihren Feldern sogenannte Vogelscheuchen auf, um gefräßige Räuber aus der Tierwelt abzuhalten, die frische Saat zu fressen.

Vögeln

Wer vögelt, tut es den Vögeln gleich, könnte man annehmen. Aber dann könnte man auch hundeln sagen oder katern oder sonst wie aus dem Tierreich entlehnte Vergleiche für den – schreckliches Wort! – Geschlechtsakt bemühen. Bei Vögeln benutzt man das Wort treten. Der Hahn tritt die Henne.

Seit dem 15. Jahrhundert ist vog(e)len, zunächst nur auf die Vögel bezogen, bekannt. Es wird aber schon früher doppeldeutig gebraucht. Schon bei dem mittelalterlichen Dichter Neidhart von Reuental, symbolisiert ein Vogel das männliche Glied: »ich waen er ir ze liebe hat in die selbe kliebe sinen roten vogel geschoben.«

Im Grimmschen Wörterbuch steht vögeln für Vögelfangen und begatten. In der zweiten Bedeutung wurde daraus ein Phallussymbol (einen Vogel halten stand für einen Penis halten). Wahrscheinlich hat vögeln die gleichen germanischen Wurzeln wie ficken (fug beziehungsweise fukk = immer wieder stoßen). Eine andere Herleitung bezieht sich auf fegeln / vegeln in der Bedeutung reinigen, kehren, reiben, mit kurzen raschen Bewegungen wischen. Ein Sprichwort aus Wolfenbüttel lautet: »So genau vöggelt kein Edelmann, dat nich en Haar midde heringeit.«

Goethe, der sich spätestens seit seiner römischen Erweckung durch Faustina durchaus direkt zu äußern verstand, dichtet in »Hans Wursts Hochzeit«:

Und hinten drein komm ich bei Nacht Und vögle sie, dass alles kracht.

Der Minnesänger Oswald von Wolkenstein ist nicht so direkt, aber durchaus unmissverständlich mit seiner Anspielung.

Wenn nun beginnt der Vogelfang und Köder, Fallen stehn bereit, dann hört man süßen Lockgesang und viel Geschnauf in kurzer Zeit. Die Schöne hat leicht singen:
sie stiehlt mir jede Fertigkeit der Vogelkunst ab wie im Spiel
ihr Klemmholz treibt's sogar so weit, dass es den Gimpel zu oft will,
die Hütte kommt zum Klingen von diesen Dingen.

Ohne Umschweife schrieb Gottfried August Bürger an Georg Christoph Lichtenberg: Wenn, außerm Ideal der höchsten Wollustregeln, Du keine vögeln kannst, so kannst du keine vögeln.

Im Schwäbischen Wörterbuch von 1608 steht: »Es ist gar ain boese Henn, die [...] wonen will bi ainem han, und sich nit will füglen lan.

In der Literatur lassen sich noch zwei weitere Erklärungen für vögeln finden. Wenn die adligen Herren erklärten, sie gingen auf die Vogeljagd (Falknerei), dann nahmen sie gern ihre Mätressen mit zu den Vögeln. Wozu wohl? Die andere Erklärung bezieht sich auf das unmissverständliche Zeichen adliger Damen, einen Vogel im Bauer ins Fenster zu stellen. Man kennt eine ähnliche Einladung von den beiden nach außen blickenden Porzellanhunden im Fenster einer englischen Prostituierten, wie es auch in Hamburg verstanden wurde. War der Seemann unterwegs, war die Luft rein für den Liebhaber.

Vulgärsprachlich ist Vogel der Namen für Penis (den Vogel zwitschern lassen). Das Vogelhäusl meinte den Hosenschlitz. Ein loser Vogel ist ein Frauenheld und Vogelbauer bedeutet Vulva, auch Bordell. Schließlich ist eine Vogelscheuche »eine Frau, die einen am Geschlechtsverkehr hindert«, erklärt Lutz Röhrich.

Wie auch immer – »machen wir's den Schwalben [oder eben den Vögeln] nach, baun wir uns ein Nest« lässt es Emerich Kàlmàn in seiner Operette »Czàrdàsfürstin« erklingen. Er wird sich schon etwas dabei gedacht haben.

Wolke sieben

Verliebte, sagt man, schweben auf Wolke sieben oder befinden sich im im siebten Himmel. Den Ursprung der Redewendung finden wir bereits in der Antike bei dem griechischen Philosophen Aristophanes, der den Himmel in sieben durchsichtige Schalen aufteilte, in denen je einer der bis dahin bekannten Planeten kreiste; das waren Mond, Merkur, Venus, Sonne, Mars, Jupiter und Saturn (dem Hüter der Schwelle). Der siebte Himmel bildete die Grenze gegen das Nichts, die immaterielle Welt der Fantasien, Wünsche und Träume.

Die Vorstellung von den sieben Himmel wird im Christentum aufgenommen. Im apokryphen »Testament der 12 Patriarchen« (entstanden zwischen 70 und 135 n. Chr.), das aber nicht in die Bibel aufgenommen wurden, steht in Levi, Kapitel 3: »Hören nun von den sieben Himmeln.« Im Talmud wird der siebente Himmel Araboth (= Gewölk) genannt. »Auf Gewölk befinden sich Gerechtigkeit, Reichtum und Heil, die Schätze des Lebens, die Schätze des Friedens und die Schätze des Segens, die Seelen der Gerechten, die Geister, die Seelen derer, die einst geboren werden, und der Tau, der einst die Toten beleben wird, Gerechtigkeit und Recht.«

Auch der Koran kennt die sieben Himmel. Wer die Wolke sieben erreicht hat, befindet sich im höchsten Glück, dem widerfährt die Seligkeit, denn dort ist Gott zuhause.

Das Bild beschreibt den emotionalen Zustand Verliebter. Es kann aber auch bedeuten, dass man jemandem Naivität unterstellt, weil seine Meinung mit dem Boden der Realität nichts zu tun hat.

Wer aus allen Wolken fällt, wird aus den Träumen und Fantasien in die Wirklichkeit zurückversetzt. Die Redensart ist seit dem 18. Jahrhundert bezeugt. In Goethes »Wahlverwandtschaft« treffen wir auf den Satz: »Und wenn sie nun gar wieder allein war, und aus den Wolken, in denen seine Leidenschaft sie empor trug, herab in die Erkenntnis ihres Zustandes fiel, dann war sie zu bedauern.« Vielleicht hat sie auch vorher im Wolkenkuckucksheim gelebt. Der Zustand seliger Entrücktheit wird mit dem Bild auf Wolken schreiten beschrieben.

Die Redewendung ›Aus allen Wolken fallen‹ geht zurück auf die Bibel. Luk 10,18: »Ich sah Satan wie einen Blitz vom Himmel fallen.« Denn wer aus allen Wolken fällt, wird wie der Teufel aus dem Himmel der Gottesanschauung gestoßen. Und ganz gewiss ist noch kein Meister vom Himmel gefallen, der musste reichlich Berufserfahrung gesammelt haben, um es zu Meisterschaft zu bringen; nemo nascitur artifex lautet ein lateinisches Sprichwort: Niemand wird als Meister geboren.

Ursprünglich galt in den Wolken leben (schweben) als Ausdruck der Überheblichkeit. In Sebastian Francks »Sprichwörtern« von 1541 lesen wir: »die hochtrabenden gelerten [...] schweben in wolcken.« In Berlin kennt man den Ausdruck det is ne Wolke für ein besonderes, ungewöhnliches Ereignis. Dunkle Wolken am Himmel künden Unwetter an. Als Bild dient es auch ganz allgemein zur Beschreibung kommenden Unheils.
Wladimir Majakowski schrieb die Satire »Wolke in Hosen«, über die es heißt, dass sie »wahrhaftig wie eine Windhose auf die Religion losfährt (wie man weiß, hat die Kirche im alten Russland eine besonders finstere Rolle im Kampf gegen die Revolution gespielt), wendet sich vor allem gegen die schwächlichen Dichterlinge [...], die die Scheußlichkeiten der Gegenwart mit humanitärem Geschwafel zudecken wollen.«

Wolken waren in den Vorstellungen der Altvorderen Ahnungen, die sich bis heute mehr oder weniger erhalten haben. In ihren Gebilden sah man zum Beispiel eine weidende Kuh, aus der der Regen floss wie die Milch aus dem Euter. In ihnen, glaubte man, saßen die Hexen. Bei Vollmond verbargen sie den Wilden Jäger. Oder sie waren der Reiter auf einem weißen Ross. Gelblich-schwarze Wolken kündigten Gewitter an, Schäfchenwolken am Morgen brachten Regen am Abend. Zogen schwarze Wolken über ein Haus, bedeutete das, dass bald ein Mensch stirbt. Glücklich den Neugeboren, bei denen in der Geburtsstunde Schäfchenwolken am Himmel schwebten, ihnen stand ein glückliches Leben bevor, das von keinem Wölkchen getrübt ist. Hebammen weissagten, wenn viele Wolken den Himmel am Tag der unschuldigen Kinder verdunkelten, dass es im folgende Jahr schwere Geburten geben wird. Feuerrote Wolken am Abend kündigten einen bevorstehenden Krieg an.

Zapfenstreich

Wird in Deutschland ein Kanzler oder eine Kanzlerin oder sogar der Bundespräsident in den Ruhestand entlassen, geschieht das mit großem Aufwand und höchsten militärischen Ehren. Die Garde marschiert auf, das Musikkorps intoniert feierliche Musik, Trommelwirbel, Fanfaren erklingen, defilierende Soldaten und aller militärisches Brimborium. Das nennt man Großer Zapfenstreich.

Der eigentliche Sinn der Redewendung ist weniger bombastisch. Der Wirt – nach anderer Erklärung ein mit Trommlern und Pfeifern begleiteter Offizier, der in den umliegenden Gaststuben mit einem Stock auf den Zapfen des Bierfasses schlug – durfte danach keine Getränke mehr ausschenken. Er schlug mit einem hölzernen Hammer auf den Zapfhahn des Bierfasses, um es zu verschließen. Damit wurde den bier- oder weintrinkenden Gästen bedeutet, dass nun Schluss mit lustig ist und vor allem die

Soldaten den Weg in ihre Kaserne antreten müssten. »Den Tappen inslan« (den Zapfen einschlagen), sagt man im Westfälischen.

Den Zapfenstreich (Streich = Schlag) kannten bereits die Landsknechte des Mittelalters. Anno 1596 wird die Geste als Zapfenschlag bezeichnet. Daraus entwickelte sich die noch heute gepflegte Tradition, mit einem Trommelwirbel oder den schmetternden Töne einer Trompete zum Aufbruch zu blasen. So lautet jedenfalls die gängige Erklärung für Zapfenstreich.

In einem ganz anderen Zusammenhang wird Zapfenstreich als Umschreibung für Entjungferung gebraucht.

Wallenstein befahl den Marketendern, dass mit dem Einschlagen des Zapfens die oft ausartenden Besäufnisse seiner Soldaten zu enden hatten. Um zu verhindern, dass danach heimlich weiter getrunken wird, musste ein Kreidestrich über Fass und Zapfen gezogen werden. Das Signal ertönte in aller Regel bei Sonnenuntergang beziehungsweise in Friedenszeiten am Abend neun Uhr.

In Friedrich Schillers »Wallenstein« stöhnt der Erste Jäger: Was war das nicht für ein Placken und Schinden, bei Gustav, dem Schweden, dem Leuteplager! Der machte eine Kirch' aus seinem Lager, Ließ Betstunde halten, des Morgens, gleich Bei der Reveille und beim Zapfenstreich. Und wurden wir manchmal ein wenig munter, Er kanzelt' uns selbst wohl vom Gaul herunter.

Nach einer anderen Lesart wurde in den großen Feldlagern eine Kanone abgefeuert als Zeichen, dass nun Nachtruhe einzuhalten sei. Wer sich nicht daran hielt, wurde hart bestraft.

Goethe kannte den sich weiter entwickelnden Brauch, nun schon musikalisch untermalt. Er schrieb in »Dichtung und Wahrheit«: »Abends beim Zapfenstreich ging ich neben der Menge der Trommeln her, deren gewaltsame Wirbel und Schläge das Herz im Busen hätten zerspringen mögen.«

Der preußische König Friedrich Wilhelm III. ordnete während des sogenannten Befreiungskrieges 1813 an, die Zeremonie um das Präsentieren des Gewehrs, ein stilles Gebet und das Blasen eines Militärliedes zu erweitern. Der Große Zapfenstreich, wie

wir ihn heute kennen, geht zurück auf den russischen Zaren Nikolaus I., dem diese Ehre am 12. Mai 1838 anlässlich seines Besuches in Berlin zuteilwurde.

Der militärische Brauch wurde 1939 auch als »Großer Zapfenstreich der Polizei« eingeführt und ein Jahr später in »Großer Abendruf der Deutschen Polizei« umbenannt.

In der DDR wurde die Zeremonie 1962 wieder eingeführt und »um Elemente des progressiven militärischen Erbes« – was immer das sein sollte – ergänzt.

Die flapsige Redewendung »Über den Zapfen hauen« meint die Überschreitung der befohlenen Ausgangszeit der Soldaten, wird aber inzwischen generell für Grenzüberschreitung gebraucht.

Analog zum Zapfenstreich des Heeres kennt man bei der Marine das Signal »Ruhe im Schiff!«.

Ob die mit großem Aufwand betriebene Machtdemonstration noch zeitgemäß ist, sei dahingestellt.

Bildnachweise

Abdecker: wikipedia.org/gemeinfrei

Barbier: wikipedia.org/gemeinfrei

Elfenbeinturm: wikipedia.org/©Wolfgang Sauber [Frauenkapelle in Altenmarkt. Fresco mit Darstellung der Passage der Lauretanischen Litanei "Maria, du elfenbeinerner Turm"]

Gardinenpredigt: Ludwig Loeffler/gemeinfrei

Hammelsprung: wikipedia.org/©Axel Kirch [Innenbereich des Landtages Nordrhein-Westfalen]

Am Hungertuch nagen: wikipedia.org/@Naturpuur [Hungertuch der Humanitären Hilfsgemeinschaft Misereor im Kloster Wernberg, Bezirk Villach Land, Kärnten, Österreich, EU]

Leseratte: wikipedia.org/©Herzi Pinki [Skulptur Leseratte am Hauptplatz von Neumarkt in Steiermark, Hinweis auf den nahen NaturLesePark. Die Skulptur stammt von Rudi Hirt aus Scheifling.]

Pleitegeier: envato elements/©yusufdemirci und ©ojogabonitoo [Collage/©Kerstin Fiebig]

Schmiere stehen: iStock/©felixmizioznikov

Schuss in den Ofen: envato elements/©Antonio Gravante

Stein im Brett: wikipedia.org/gemeinfrei

Treppenwitz: envato elements/©look studio

Zapfenstreich: adobe stock/©Kai Beercrafter